Euripides

DIE BAKCHEN

Bibliografische Information der Deutschen Nationalbibliothek: Die Deutsche Nationalbibliothek verzeichnet diese Publikation in der Deutschen Nationalbibliografie; detaillierte bibliografische Daten sind im Internet über dnb.dnb.de abrufbar.

© 2021 Martin Thau
Herstellung und Verlag: BoD – Books on Demand, Norderstedt

ISBN 9783754334201

DIE BAKCHEN

Übersetzt in lesbares Deutsch

von

Jona Tomke

AUSS. THEBEN – VOR DEM PALAST DES PENTHEUS – TAG

DIONYSOS TRITT AUF.

DIONYSOS

Unlängst bin ich in dieser Stadt, dem Sitz meiner Familie, eingetroffen, in Theben. Ich bin Dionysos, der Sohn des Zeus. Ein Blitz entriss mich, ehe ich geboren wurde, meiner Mutter Semele, der Tochter des Königs hier, meines Großvaters.

(…)

Noch weiß niemand, dass ich wirklich ein Gott bin. Alle halten mich für einen Menschen. Da drüben beim Palast seh' ich die früh're Wohnung meiner Mutter, wo der Blitz sie einst verbrannte. In den Ruinen schwelt noch immer die Glut und zeugt vom ew'gen Groll der Himmels-Königin auf meine Mutter.

(…)

Meinen Großvater, Kadmos, muss ich loben, weil er die Stätte heiligt hält als Ehrentempel seiner Tochter, Semele. Ich habe sie inzwischen mit Rebgrün voller Trauben eingekleidet.

(…)

Vor meiner Ankunft war ich in Kleinasien, in Persien, Afghanistan und in den hochgetürmten Städten längs Arabiens Küste, wo Griechen sich und Fremde buntgewürfelt in den Straßen mischen. Nachdem ich überall dort meinen Kult verbreitet habe, steht mir der Sinn, ihn endlich hier in meiner Heimat einzuführen, den wilden Reigen und die dunklen Weihen. Als neuer Gott will ich mich ganz Griechenland offenbaren!

(…)

In Theben aber sollen sie zuerst dran glauben. Wegen des Unrechts, das ursprünglich hier geschah. Schon jubeln sie, haben das Rehfell umgeworfen und stampfen mit dem Fruchtstab, meine Tanten, die missgünstigen Schwestern Semeles, meiner Mutter, die ihr nicht glaubten, dass ich ein Kind des Zeus war. Ein Sterblicher sei mein Erzeuger, posaunten sie, und vorgetäuscht, um diese Schande zu verbergen, nur die Vaterschaft des Gottes, der dann zur

Strafe für die Lüge meine Mutter zum Ascherest verbrannte.

(lacht)

Deswegen hab' ich jetzt die Frauen alle fort gelockt aus Thebens Häusern und ganz mit Wahnsinn überzogen. Toll-glühend vor Begeisterung, bevölkern sie die Berge. All die Geräte meiner Feiern zwang ich ihnen auf. Durch wilde Raserei von ihrem Herd gescheucht, verharren sie samt meiner Mutter Schwestern unter den Tannen des Felsgebirges vor der Stadt.

(gehässig)

Theben soll, ob es das will oder nicht, zu spüren kriegen, was ihm abgeht an meinen trunkenen Weihen und dem Festrausch, wenn ich zu Ehren meiner

Mutter der Stadt mich offenbare als die Gottheit, die ich wirklich bin.

(…)

Der greise Kadmos hat inzwischen die Königswürde abgetreten an meinen trocknen Vetter Pentheus. Der hat mich ausgeschlossen von allen Opfern und Gebeten, welche die Stadt den Göttern bringt.

(…)

Ihm werd' ich zeigen, ihm und allen, dass ich in der Tat ein Gott bin. Und bin ich erst mit Theben fertig, werde ich weiter ziehen, mich ganz Griechenland offenbaren. Sollte inzwischen ein Kommando der Thebaner wagen, die Weiber gewaltsam aus den Bergen heimzuholen, werd' ich mich an ihre Spitze stellen und jede Ordnungsmacht bekämpfen. Zu diesem Zwecke hab' ich die Gestalt, in der man mich hier sieht, die Maske eines Menschen, angenommen.

(…)

Wohlan, meine Jüngerinnen, die ihr mir aus der Fremde gefolgt seid, schlagt eure kleinasiatischen Pauken. Lasst sie erdröhnen hier vorm Palast des Pentheus. Die ganze Stadt soll es hören! Ich selber gehe nun in jene Felsenschluchten, wo meine Bakchen wild sich wiegen, und nehme teil an ihren Tänzen.

DIONYSOS GEHT AB.

CHOR DER KLEINASIATINNEN TRITT AUF.

CHOR

Hurtig kamen von Kleinasien durchs heilige Reich des Herrschers der Gipfel wir her zum freudigen Dienst, der uns niemals ermüdet, um dem Brausenden zu gefallen, dem bacchantischen Gott. Hört uns, ihr auf den Straßen! In euren Häusern auch – kommt! Hört uns aufmerksam zu. Und stille! Denn wir singen das Lob des Dionysos.

Glücklich, wer eingeweiht wurde wie wir in die himmlischen Wunder und herrlich nun rast, Herz und Seele vereint, in bacchantischem Taumel über die Hügel bar jeder Sünde – wer den Ritus der mächtigen Mutter beachtet, den Fruchtstab des Gottes schwingt und sich zu Dionysos' Ehre mit Efeu die Stirne umwindet.

Auf auf, wir Taumelnden bringen Dionysos, dessen Vater ein Gott ist, aus den waldigen Höhen Kleinasiens endlich heim in die breiten Straßen der Griechen, wir setzen uns ein für den lärmenden Gott,

den seine Mutter verfrüht, im Todeskrampf zuckend, herauswarf, als ihr Leben im Feuer der Blitze von Zeus, dem Vater der Götter, verbrannte. Zeus aber fand einen neuen Schoß für den Sohn – in seinem Schenkel. Verschloss das Versteck mit goldenen Spangen, um ihn verborgen zu halten vor seiner Gattin.

So bildete sich heran die Göttergestalt mit Hörnern, und wurde geboren mit einem Kopfschmuck von Schlangen. Und Schlangen werden seitdem erjagt vom Fruchtstab der tollenden Weiber, um sie ins Haar sich zu flechten.

Oh Theben, Heimstatt Semeles, kleid' dich in Efeu und putz' sich heraus mit Liliengewächsen! Mit Eichen- und Tannenzweigen rufe zur Orgie des Gottes. Die Mäntel aus scheckigem Rehfell verziere mit silbrigen Büscheln, und weihe die willigen Hände dem stoßenden Fruchtstab des Gottes. Tanzen sollen sie alle, wenn der Brausegott dann seine Schwärmer aus den Mauern hinwegführt – davon in die Hügel, wo ihn Weiberscharen erwarten, fortgerufen von Spindel und Webstuhl zum seligem Taumel des Gottes.

Oh ihr versteckten Schlupfwinkel der priesterlichen Diener, heimliche Grotten Kretas, welche die Geburt des Zeus einst bezeugten! Wo wilde Waffentänzer die lederbespannte Pauke erfanden, ihr Schlagen durchprasselt die Süße der kleinasiatischen Flöte. Die Pauke reichten sie der Mutter des Zeus, damit sie begleite den Jubel. Des Dionysos Folgschaft aber, die tollen Mischwesen, erbaten die Pauke von der Titanin, gebrauchen sie nun alle drei Jahre bei ihren

Tänzen zur Feier des Gottes, um dessen Herz zu erfreuen.

Den Schwarm, der die Hügel Kleinasiens oder Nordafrikas hochjagt, bringt er im Rock aus geheiligtem Rehfell auf Touren. Dabei geht er zu Boden, um das Blut seiner Beute zu schlürfen, der Ziege, sich weidend am dampfenden Fleisch. Wo der brausende Gott den Boden berührt, sprießen Milch, Wein und Ströme saftigen Honigs. Es duftet nach syrischem Weihrauch. Der Lärmende hält in der Hand den flammenden Kienspan, schwenkt ihn hoch hin und her, und er rast an der Menge vorbei, wühlt sie auf mit Geschrei, im Winde fliegen die Zöpfe: »Auf Bakchen, ihr Reiz der goldgeränderten Berge Kleinasiens! Auf, das Lob gesungen des Dionysos zum Klang der ledernen Pauke! Lasst uns jubeln im wilden Gesang und preisen unseren frohlockenden Gott, kleinasiatisches Rufen und Lärmen erfreut ihn! Wenn liebliche Flötenklänge zu heiligen Schreien ertönt, fährt er euch in die Beine, die rasend den Hügel erklimmen. Wie das Fohlen auf der Weide umherhüpft bei seiner Mutter, springt mit freudvollen Herzen ihr Bakchen voran durch die Berge.«

TEIRESIAS TRITT AUF.

TEIRESIAS

Wer von denen, die hier am Tor herumlungern, holt mir Kadmos heraus, den Sohn des Agenor, der die Stadt Sidon verließ, um unser Theben zu gründen? Einer von euch soll ihm Bescheid geben, dass Teiresias ihn erwartet. Er weiß schon, worum es geht, was ich alter Bock mit ihm, der sogar noch älter ist, beschlossen haben: dass wir nämlich die Fruchtstäbe umwinden, uns in Rehfelle hüllen und Efeuranken um die Stirne binden.

KADMOS ERSCHEINT.

KADMOS

Bester Freund! Ich war drinnen, da hörte ich deine Stimme, so klug wie ihr Besitzer. Ich komme vorbereitet, ganz in der Tracht des neuen Gottes. Denn so muss es sein: dass ich mit allen Kräften den Sohn meiner eigenen Tochter verherrliche, Dionysos, der seine Gottheit den Menschen kundtat. Wo schließen wir uns gleich seinem Tanz an? Wo springen wir und schütteln unsere grauen Häupter? Sag's mir Alter dem noch älteren, Teiresias, du weißt Bescheid. Ich will nicht müde werden, weder Tag noch Nacht, mit meinem Fruchtstab aufzustampfen. Was für eine Freude, somit sein Alter zu vergessen!

TEIRESIAS

Mir geht's wie dir. Ich fühle mich schon jünger, und will im Tanz mich bewähren.

KADMOS

Dann nehmen wir den Wagen in die Hügel.

TEIRESIAS

Nein, damit würden wir den Gott nicht ehren.

KADMOS

So will ich Greis dir Alten vorangeh'n.

TEIRESIAS

Der Gott wird uns den Weg schon weisen.

KADMOS

Sind wir denn die einzigen Männer Thebens, die dem Gott des Tanzes dienen wollen?

TEIRESIAS

Es sieht so aus. Den anderen fehlt's an der Vernunft dazu.

KADMOS

Wir brauchen schon zu lange. Halt dich an mir fest, dann geh' ich los.

TEIRESIAS

Hier, nimm' meine Hand, und häng' sie bei dir ein.

KADMOS

Als Mensch ist's mir verboten, den Gott geringzuschätzen.

TEIRESIAS

Der Himmel lässt sich nicht erklügeln. Der Glaube, den wir von den Vätern erbten, ist so alt wie selbst die Zeit. Er lässt sich nicht durch den Verstand bezwingen, auf keinen Fall, und sei der noch so scharf geschliffen. Einer mag sagen, ich verkenn' mein graues Haupt, wenn ich's mit Efeu für den Tanz umwinde. So ist es aber nicht. Der Gott hat nicht bestimmt, ob älter oder jung sein sollen seine Tänzer, von allen heischt er gleichviel Achtung. Und nimmt's übel dem, der ihn verschmäht.

KADMOS

Da du blind bist, Teiresias, muss ich dich auf etwas vorbereiten. Pentheus eilt heran, dem ich unsere Regierung anvertraute. Er sieht besorgt aus. Welche Nachricht wird er bringen?

PENTHEUS TRITT AUF.

PENTHEUS
(für sich)

Ich war für eine Weile fort aus meinem Königtum, als mich merkwürdige Nachrichten von hier erreichten. Die Frauen sollen Heim und Herd verlassen haben, angeblich um so einem Gott zu dienen. Im Gebirgswald rennen sie nun durcheinander, um »Dionysos« zu ehren, wer immer das auch ist. Inmitten ihres Gestöbers stehe eine Schüssel randvoll Wein, und einzeln schlügen sie sich in die

Büsche, um ihrer Lust zu frönen, angeblich, weil das Dienst am Gott sei, wobei mir Aphrodite dem Wein-Geist vorgezogen scheint. Die, die ich bereits eingefangen habe, sitzen gefesselt jetzt im Stadtgefängnis. Die übrigen erjagt man in den Hügeln, darunter selbst Agaue, meine Mutter, sowie ihre Schwestern. In Eisen werde ich sie alle legen und beenden diesen ungezogenen Spuk. Ein Fremder, heißt es weiter, sei hier in meine Stadt gekommen, ein Schwindler oder Gaukler aus Kleinasien mit goldnen, parfümierten Locken, die Wangen weingerötet, und Augen, welche Lust verheißen. Tag und Nacht soll er bei unseren Frauen lungern, um sie in die

Geheimnisse eines Dionysos einzuweihen. Der soll mir einmal in die Hände fallen, dann ist Schluss mit Fruchtstabstampfen und Lockenpracht, die fällt mit seinem Kopfe. Sein Dionysos, behauptet er, sei ein wahrhaft'ger Gott und, man glaubt es kaum, eingenäht gewesen in den Schenkel des Zeus, der doch, wie jeder weiß, mit seinen Blitzen die Schwester meiner Mutter eingeäschert hatte, nachdem sie log, ein Kind von ihm unter dem Herz zu tragen. Verdient allein nicht dieser Schwindel bereits, dass man den hängt, der ihn verbreitet, den unverschämten Fremden, wer immer er auch sein mag?

(bemerkt die Alten am Tor)

Ich glaub's kaum! Die Überraschungen hören gar nicht mehr auf. Ist das nicht Teiresias, unser blinder Prophet? In einem gefleckten Rehfell? Dazu auch noch mein Großvater, der närrisch den Fruchtstab schwingt? Schämen muss ich mich, euch alte Freunde dermaßen jenseits von jeglicher Vernunft zu sehen. Wollt ihr wohl den Efeu wegwerfen! Und du, Opa, lasse den närrischen Stampfer endlich fallen!

(zu Teiresias)

Du hast ihm das eingeredet! Mit diesem neuen Gott willst du wohl dein Wahrsagergeschäft verbessern. Schützt dich dein Alter denn nicht vor solcher Torheit? Im Gefängnis solltest du sitzen unter all den gefesselten Weibern! Zu welchen Weihen willst du uns denn führen? Wo Weiber gierig sich am Wein ergötzen, da ist doch kein Gottesdienst mehr!

CHORFÜHRERIN

Frevler! Wo ist dein Respekt für die Götter, für deinen Großvater, der den Drachen erschlug? Du entehrst dein eig'nes Geschlecht!

TEIRESIAS

(zu Pentheus)

Wer etwas zu sagen hat, dem fällt nicht schwer, vernünftige Worte zu finden. Deine aber sind leer, auch wenn sie außen blitzen. Du kannst zwar reden, bist voller Elan, jedoch ein Wicht, weil dir die Vernunft fehlt. Die neue Gottheit, die du verspottest, wird mächtig sein bald in ganz Hellas. Denn zweierlei, Prinz, herrscht über die Menschen: von Demeter, der Göttin kommend, die trockene Speise, die uns ernährt – ihr zur Ergänzung aber entdeckte der Sohn deiner Tante den feuchten Wein und gab ihn den Menschen. Er tröstet den Kummer der Welt und fördert den Schlaf, der das tägliche Übel vergisst und alle unsre Qualen niedermacht. Den Göttern zum Opfer gebracht, bewirkt er das Wohl aller Menschen.

(…)

Du aber machst dich lustig über das Eigenähtsein im Schenkel? Dann hör' mir mal zu: Als Zeus seinen Spross dem Feuer entriss und rettete auf den Olymp, da wollte Hera die Leibfrucht von dem Götterberg wieder entfernen. Zeus aber riss einen Fetzen aus dem Himmel, der die Welt überwölbt, formte ihn wie eine Leibfrucht, schenkte sie Hera zum Ausgleich. So kam das Gerücht auf vom »Schenk«el; die wirkliche Leibfrucht aber übergab den Schicksalsgöttinnen, die reiften sie aus.

(…)

Dionysos weiß auch von der Zukunft; denn der Rausch seiner Feste weckt die Ahnung in uns. Ist sein Saft erst in all unseren Gliedern, können wir nicht umhin zu sehen, was kommt.

(…)

Auch hilft er, den Krieg zu entscheiden: als Panik, welche den Kämpfer die Flucht ergreifen lässt, eh dass er sich schlägt.

(…)

Bald wird man ihn stürmen sehen, die Fackel in den Händen, über die besonnenen Gipfel von Delphi. Seinen Fruchtstab schüttelt er dann, und ganz Griechenland zehrt von dem erlösenden Wahnsinn. Deswegen, Pentheus, folge lieber meinem Rat und glaube nicht länger, nur weil du Königsmacht hast, strotzt du vor

Kraft und kannst niemals irren. Heiße den Gott willkommen, bringe ihm Opfer und bekränze dein Haupt. Dionysos kann auch die Weiber nicht zur Unkeuschheit zwingen. Es ist ihr inneres Wesen, das Maß hält oder verliert, wenn es ausschweifen muss, um dem Gott zu gefallen. Bedenke, nur das liederliche Weib wird in dem Rausch sich zur Unzucht verführen lassen. Die Gewiefte bleibt keusch. Du weißt doch, wie es dich freut, wenn das Volk hier sich drängt und laut deinen Namen ruft: Hoch lebe Pentheus! Auch Dionysos lässt gern sich verehren. Deswegen wollen nun dein Großvater, den du verspottest, und ich, mit Efeu bekränzt, zum

Tanzen gehen – ein paar Tattergreise, aber sie tanzen! Du wirst mich nicht verführen, gegen den Willen der Götter zu handeln. Deine Verirrung ist furchtbar, und keine Kunst wird dich heilen, nur ein Gift wie jenes, das dich auffrisst.

CHORFÜHRERIN

Die reine Vernunft spricht aus dir, alter Mann. Und wie sie dir rät, den brausenden Gott zu verehren!

KADMOS

(zu Pentheus)

Mein Junge, Teiresias hatte recht, dir ins Gewissen zu reden. Schließ' dich uns an und verschmähe nicht die praktischen Sitten. Du schwankst ohne Halt, weil du allein der Klugheit gehorchst. Auch wenn du den Gott nicht erkennst, nenn' ihn doch so. Sprich' die Fabel freiherzig aus, damit deine Tante, Semele, als Gottesmutter gilt und unsere Familie sich rühmen kann. Erinnere dich an Actaeon, den seine eig'nen Hunde zerfleischten, weil er die Ehre der Götter verletzte. Hier ist Efeu für dich, ich winde ihn dir ums Haupt. Komm' mit uns, den Gott nun zu ehren.

PENTHEUS

Fass mich nicht an! Geh' doch, huldige deinem Wein-Geist. Aber lass mich mit de,m Frevel in Ruhe!

(...)

Ihn aber, der deinen Wahnsinn bestärkt, will ich strafen! Gleich auf den Weg soll man sich machen zur Wohnstatt, wo er seine Wahrsagekunst ausübt, und dort alles ausheben, umwerfen, das unterste zu oberst kehren und seinen ganzen Seherkram frei im Wind flattern lassen! Wir wollen mal sehen, was er dann weiter weissagt. Und diesen Hübschling wird man mir auftreiben mit seinen Weiberlocken, der unsere Frauen verhext und zum Ehebruch anregt! Hat man ihn endlich erwischt, kommt er gefesselt hierher! Dann mag er zutodegesteinigt werden –

zum Höhepunkt seiner verruchten Feiern bei uns hier in Theben!

PENTHEUS GEHT AB.

TEIRESIAS

Versessener Hund! Jetzt dreht er vollkommen durch, und war doch schon vorher nie ganz bei Sinnen! Komm' Kadmos, lass uns die Gottheit bitten, es ihm und auch nicht unserer Stadt zu sehr heimzuzahlen! Komm, folge mir, auf deinen Fruchtstab gestützt, und versuche, mich gerad' und so aufrecht wie ich dich, zu halten. Es sieht jämmerlich aus, wenn zwei Greise sich stützen. Sei's drum, wir müssen Dionysos, dem Kind des Zeus, unseren Dienst erweisen.

(…)

Pentheus, dein Enkel, soll bloß kein Unheil über eure Familie bringen! Ich sage das, Kadmos, nicht als Wahrsager, sondern wegen dem, was sich hier abspielt. Er redet nur dummes Zeug!

KADMOS UND TEIRESIAS GEHEN AB.

CHOR

Mindere Göttin der Ehrfurcht, Herrin der Scheu, die du die Erde mit deinen goldenen Schwingen umhüllst, hast du gehört, was Pentheus da sagte? Vernimmst du seine Beleidigungen des Sohns seiner Tante, der den Reigen der Feiernden anführt, des Dionysos? Ist's doch an ihm, sich im

Tanz zu verlieren, beim Flötenklang zu lachen und den Schmerz zu verscheuchen, wenn sein göttlicher Saft die himmlische Mahlzeit vollendet und in seligem Schlaf die fröhlichen Zecher versinken.

Wer sich Frechheiten gegen die Sitte herausnimmt, dem droht ein bitteres Ende. Ein bescheidenes Leben dagegen, das stets dem Ruf der Vernunft folgt, steht feste im Aufruhr und weiß seine Mauern zu stützen. Sind die Götter auch weit, sie sehen doch immer, was los ist, und Neunmalklugheit ist ihnen nun mal zuwider. Kurz ist das Leben. Wer vorhat, es völlig zu deuten, versteht nicht die Wonnen des

Alltags. Menschen, die so sich verhalten, sind dumm und übel beraten.

Ach wie ist mir nach Zypern, dem Eiland der Aphrodite, wo die Liebesgötter sich mächtig ins Wohl meiner Seele schmiegen – nach der Gegend dort im Südwesten, die der Strom ohne Regen, doch mit vielhundert Armen befruchtet. – Brausender führ' mich auch zum Sitze der Musen am Fuße des Berges der Götter, wo die Grazien weilen mitsamt dem Gleichnis der Sehnsucht. Hier ist es erlaubt und geboten, deine Orgien zu feiern.

Unser Gott ist ein Kind des Zeus, ihn freuen fröhliche Feste. Er liebt die Göttin des Friedens, die uns segnet, mit Jugend beschenkt. Ob reich oder arm, ein jeder bekommt seinen Wein, um den Schmerz zu verjagen. Die aber kann Dionysos nicht leiden, die sich weigern, feucht zu werden bei Tag oder Nacht. Bei Sinnen bleibt nur, wer versteht, sich vor Überklugheit zu schützen. Was mehr noch als Scharfsinn verlangt ist und diesen im Endeffekt rund macht, dem stimme ich zu.

PENTHEUS TRITT WIEDER AUF. EIN DIENER ERSCHEINT. MIT SICH FÜHRT DER DEN AN HÄNDEN GEFESSELTEN UND IN EINEM NETZ GEFANGENEN DIONYSOS.

DIENER

(zu Pentheus)

Hier, Pentheus, ist der Bube, den wir dir bringen sollten. Wir haben ihn für dich eingefangen. Er hat noch nicht einmal versucht, uns zu entkommen, die Hände freiwillig hingehalten. Lächelnd ließ er sich fesseln und fortführen. Immer blieb er ruhig, bereitete keine Probleme. »Ich habe nichts gegen dich«, hörte ich mich zu ihm sagen, »nicht ich, sondern mein König will dich gefesselt sehen.«

(...)

Die Frauen übrigens, die du hast einsperr'n lassen, tanzen schon wieder laut im Gebirgswald und preisen den Brausenden. Ihre Fußfesseln sind von allein abgefallen, und die Gefängnistüren sprangen auf. Es scheint, der Bursche hier kann zaubern. Sieh' selbst bitte zu, wie du mit ihm fertig wirst.

PENTHEUS
(zum Diener)
Nehmt ihm die Fesseln ab. In dem Netz, das ihn umfangen hält, wird er schon nicht entkommen.

(zu Dionysos)
Hübsch siehst du aus, Freundchen. Das gefällt natürlich den Weibern. Deswegen bist du wohl hier. Für einen Kämpfer sind deine Locken zu lang und deine Wangen zu zart. Deine Haut ist ganz weiß. Du versteckst dich im Schatten, damit bloß keine

Sonne dich schwarz macht. Wie lieblich!

    (…)

Jetzt sag' aber erst mal, woher du kommst.

DIONYSOS

Da muss ich keine großen Reden halten. Hast du schon mal von den Gipfeln Kleinasiens gehört?

PENTHEUS

Von dem Gebirge?

DIONYSOS

Aus dem komm' ich hierher.

PENTHEUS

Und führst jetzt fremde Bräuche von dort bei uns ein – warum?

DIONYSOS

Dionysos, Sohn des Zeus, hat mich geschickt.

PENTHEUS

Es gibt dort, sagst du, auch einen Zeus?

DIONYSOS

Es ist derselbe, der Semele, die Schwester deiner Mutter, geschwängert hat.

PENTHEUS

Sprach er im Traum zu dir, oder warst du bei Sinnen?

DIONYSOS

Von Angesicht zu Angesicht – hat er mir alles anvertraut.

PENTHEUS

Was?

DIONYSOS

Das ist geheim. Nur Eingeweihte dürfen's erfahren.

PENTHEUS

Und was haben sie davon?

DIONYSOS

Du darfst's nicht vernehmen, auch wenn du's noch so gern wüsstest.

PENTHEUS

Willst mich wohl neugierig machen.

DIONYSOS

Nichts hasst der Gott so sehr wie mangelnden Glauben.

PENTHEUS

Und dich hat er also persönlich eingeweiht. Wie sah er denn aus?

DIONYSOS

Wie's ihm gerade passte – man kann's
nie bestimmen.

PENTHEUS

Du sprichst weiter in Rätseln.

DIONYSOS

Der Dummkopf hält allerdings, was
klug ist, für Unsinn.

PENTHEUS

Und mit deinem neuen Gott kommst
du als Erstes zu uns?

DIONYSOS

In Kleinasien tanzt man bereits überall ihm zu Ehren.

PENTHEUS

Hinterwäldlerisches Volk – nicht wie wir Griechen.

DIONYSOS

Denen haben sie etwas voraus, wenn auch ganz andere Sitten.

PENTHEUS

Und deine Gottesdienste, finden die Tags oder Nachts statt?

DIONYSOS

Meist in der Nacht. Im Dunkeln ist's weihevoller …

PENTHEUS

… und die Weiber lassen sich viel leichter gehen!

DIONYSOS

Auch tagsüber schlägt man aus der Art.

PENTHEUS

Wie du mit deinen Worten!

DIONYSOS

Oder du mit deiner Unvernunft und Gotteslästerung.

PENTHEUS

Auf den Mund bist du nicht gefallen.

DIONYSOS

Und? Was willst du jetzt machen? Womit hast du dir ausgedacht, mich zu foltern?

PENTHEUS

Als Erstes werde ich dir deine Locken abschneiden.

DIONYSOS

Meine Haarpracht trage ich allein Dionysos zu Ehren.

PENTHEUS

Dann lieferst du mir deinen Fruchtstab aus.

DIONYSOS

Er gehört dem Dionysos.

PENTHEUS

Ich werde ihn sicher aufheben. Im Gefängnis.

DIONYSOS

Dionysos wird mich von dort befreien, wenn er will.

PENTHEUS

Dafür müsstest du ihn aber erst aus der Mitte deiner Bakchen abrufen.

DIONYSOS

Auch jetzt ist er nahe. Und sieht alles.

PENTHEUS

Wo steht er denn? Ich seh' hier niemand.

DIONYSOS

Weil du gottlos bist. Er steht vor dir.

PENTHEUS

(zu dem Diener)

Ergreift ihn! Er hält uns nicht weiter zum Narren!

DIONYSOS

Als jemand, der klug ist, rate ich euch Gimpeln, lasst mich los!

PENTHEUS

Als jemand, der Macht hat, sage ich: Haltet ihn fest!

DIONYSOS

Du weißt nicht, was du sagst, noch, was du tust. Du bist dir selber ein Rätsel.

PENTHEUS

Quatsch. Ich bin Pentheus, der Sohn des Echions und der Agaue.

DIONYSOS

Der Name verspricht schlimmes Unheil.

PENTHEUS

(zu dem Diener)

Fort mit ihm! Sperrt ihn ein bei den Pferdeställen! Da soll er ins Dunkel starren!

(zu Dionysos)

Da kannst du dir einen tanzen! Deine Chorsängerinnen aber, die du eingeschleppt hast aus Kleinasien, damit sie deine Schandtaten besingen, werde ich auf dem Sklavenmarkt verkaufen. Oder sie können gleich hier, nachdem man ihnen die Pauken abgenommen hat, bei mir am Webstuhl mit der Arbeit anfangen.

DIONYSOS

Ich gehe mit. Aber mein Gott wird mich befreien! Auch deine Missachtung wird bald bestraft werden von ihm, dessen Existenz du leugnest. In Wirklichkeit fesselst du gerade Dionysos, nicht mich.

DER BEWACHTE DIONYSOS UND PENTHEUS GEHEN AB.

CHOR

Oh, liebliche Jungfrau, die du einstmals den ungeborenen Dionysos bei dir versteckt hast, nachdem Zeus seinen Sprössling den Flammen entriss, dabei ausrief: »Komm', künftig Besungener, in meinen männlichen Schoß! Den Thebanern sollst du einmal erscheinen als Dionysos: So soll'n sie sich nennen!« Doch jetzt, Glückselige – was bist du noch spröde, wo wir uns bekränzt, um zu feiern? Beim Rausch, den der Weinstock des Dionysos spendet, wirst auch du den brausenden Gott bald verehren.

Wie abscheulich ist andererseits der Widerwille des Drachenblut-Enkels Pentheus, dessen Ahnen dem Erdschmutz entwuchsen. Sein trotziger Blick ist nicht der eines

Menschen, sondern gleicht dem von Riesen, die blutgierig Götter bekämpfen. In Fesseln will er uns legen, des brausenden Gottes Gefolgschaft; schon hat er unseren Anführer eingesperrt, versteckt ihn im lichtlosen Keller. Kannst du ihn dort sehen, Dionysos, deinen Propheten, der sich nicht beugt der Gewalt ohne Sinn und Verstand? Komme herab vom Olymp, schwing deinen goldenen Fruchtstab und mache den Trotz endlich fügsam.

Wo führst du den Reigen gerad' an, Schwinger des Fruchtstabs, Dionysos? Bist du noch in den Gipfeln über jener anderen Stadt, die sich deinem Ruf widersetzt hat? Oder in den waldreichen Schluchten des Götterbergs, in denen Orpheus mit seinem Gesang Bäume und Tiere zu sich gelockt hat? Oder erfreut sich nördlich davon deiner Gunst der Geburtsort der Musen, wo du zu tanzen lehrst im rauschenden Fest und die Taumelnden über die Flüsse führst auf deinem Weg hier nach Theben.

DIONYSOS' STIMME

(aus dem Palast)

He! Ho! Hört mein Rufen! Bakchen! He, ihr Bakchen!

CHOR

Wer bist du? Welcher Jubelschrei ruft da nach uns? Wo kommt er her?

DIONYSOS' STIMME

Ho! Ich bin's! Der Sohn der Semele, das Kind des Zeus!

CHOR

Herr und Gebieter! Führe unseren Reigen! Brausender, komm'!

ERSTER HALBCHOR

Lärmender Gott! Der Erdboden bebt!

ZWEITER HALBCHOR

Gerüttel! Atemberaubend! Seht, der Palast wankt! Gleich stürzt er ein!

ERSTER HALBCHOR

In dem Palast ist der Gott! Huldigt ihm!

ZWEITER HALBCHOR

Wir beten ihn an! Seht! Wie die Säulen erzittern! Der Gott zerschlägt von innen das Haus!

PALAST STÜRZT EIN.

DIONYSOS' STIMME

(von drinnen)

Es flamme die Fackel! Die Hallen von Pentheus soll'n brennen!

ERSTER HALBCHOR

Ah, dort! Seht die Flammen! Über dem Grabmal Semeles, die Zeus einst mit Blitzen verbrannt hat!

ZWEITER HALBCHOR

Werft euch zu Boden und zittert! Über uns kommt der Gott, Sohn des Zeus. Alles legt er in Flammen.

Dionysos in Menschengestalt tritt heraus.

DIONYSOS

Kleinasiatische Frauen, da liegt ihr verschüchtert Boden. Ihr habt mitbekommen, was mit dem Haus von Pentheus passiert ist. Das war Dionysos. Jetzt steht wieder auf, ihr müsst nicht mehr zittern. Seid getrost!

CHORFÜHRERIN

Du unser höchster Priester! Wie gerne erblick' ich dich wieder vor mir!

DIONYSOS

Schwand euch der Mut, als ich abgeführt wurde, um ins Verlies gestoßen zu werden?

CHORFÜHRERIN

Freilich! Wer konnte uns da noch beschützen? Wie bist du entkommen aus finsterer Haft?

DIONYSOS

Ich habe mich einfach selber gerettet.

CHORFÜHRERIN

War'n denn deine Arme nicht gefesselt?

DIONYSOS

Was dies betrifft, wurde Pentheus zum besten gehalten. Er dachte, mich würd' er fesseln. Dabei blieb ich unberührt. In dem Stall, in den ich gesperrt war, befand sich ein Stier, dem warf er die Stricke ums Knie und schnaufte dabei, biss die Lippen, während der Schweiß ihm in Strömen herablief. Ich saß dabei und schaute mir alles an. Das war lustig. Da machte Dionysos die Erde beben, und vom Grab seiner Mutter ließ er Flammen auflodern. Pentheus sah's und meint', sein Palast würde brennen. Hin lief er, her, befahl seinen Dienern, Wasser zu bringen. Die mühten sich wie verrückt, aber es kam nicht drauf an. Da gab er's auf, hatte jäh den Verdacht, ich sei geflohen. Er griff nach seinem Schwert, stürzte in den

Hof. Dort ließ der Brausegott mich als Gespenst erscheinen. Pentheus drauf los! Wie verrückt hieb er in die Luft, um die Vision zu zerhacken. Währenddessen setzte Dionysos ihm weiter zu, zertrümmerte sein Haus. Ganz in Schutt liegt's nun da, nachdem der Gott mich dermaßen eingesperrt sah. Pentheus rang nach Luft, das Schwert fiel ihm aus der Hand. Er hatte gewagt, als Menschen gegen einen Gott zu kämpfen! Ich aber trat aus dem Palast hinaus hier zu euch, unverletzt. Mit Pentheus habe ich nichts mehr zu schaffen.

(…)

Hört die lauten Schritte aus den Trümmern. Da tritt er ins Freie. Was wird er jetzt sagen, nach allem, was geschah? Ich werde in aller Ruhe mit ihm fertig werden, auch wenn er schnaubt vor Wut. Denn wer klug ist, bewahrt immer die Fassung.

PENTHEUS TRITT AUF.

PENTHEUS

Der Fremde ist mir entkommen! Eben noch lag er gefesselt in meinen Kellern!

(bemerkt Dionysos)

Ha! Da ist er ja! Wie ist's möglich, dass er entkam und hier draußen steht?

DIONYSOS

Bleibe stehen, und rege dich erst mal ab.

PENTHEUS

Wie kommst du aus dem Kerker hierher?

DIONYSOS

Ich sagte doch: ›Mein Gott wird mich befreien.‹

PENTHEUS

Wer? Ständig redest du neues daher!

DIONYSOS

Er, der den Menschen den Wein beschert.

PENTHEUS

Der kann mir gestohlen bleiben!

DIONYSOS

Er bringt nichts als Gutes.

PENTHEUS

(zu seinen Dienern)

Ich befehl', alle Tore ringsum zu verschließen!

DIONYSOS

Können Götter nicht auch Mauern überwinden?

PENTHEUS

Red' nur klug daher. Du wirst sehen, was dir das nutzt!

DIONYSOS

Für meine Zwecke genug. Hör' du aber, was der Mann da, der aus den Bergen kommt, zu sagen hat! Ich rühr' mich so lange nicht von der Stelle.

BOTE TRITT AUF.

BOTE

Pentheus, König von Theben, höre mich an. Ich komme aus den hohen Bergen vor der Stadt.

PENTHEUS

Was bringst du für Nachrichten. Und warum so eilig?

BOTE

Die Bakchen habe ich gesehen, die barfuß aus dem Gefängnis entkamen. Ich möchte König dir und allen Bürgern dieser Stadt berichten von ihrem ungeheuren Treiben. Kann ich denn frei heraus reden, oder soll ich vorsichtig sein? Denn du gerätst leicht in Wut, König, legst immer

Wert darauf, dass man dir nie widerspricht. Deswegen fürchte ich mich.

PENTHEUS

Rede! Fürchte nicht meinen Zorn. Man darf auf einen Boten, der die Wahrheit sagt, nicht wütend sein. Je schlimmer du von den Bakchen sprichst, desto verantwortlicher werde ich *ihn* hier machen, der sie zu allem angestiftet hat.

BOTE

Ich trieb die Rinderherden gerade auf die oberen Wiesen, als die Sonne ihre Strahlen schickte und das Gras erwärmte. Da sehe ich drei Frauenschwärme. Dem einen stand deine Tante vor, dem anderen Agaue, deine

Mutter, dem dritte beider Schwester. Sie lagen dort und schliefen friedlich. Einige ruhten auf Tannenzweigen, andere hatten ihre Köpfe auf lose Büschel aus Eichenlaub gebettet, und züchtig alle, nicht, wie's heißt, allein im Wald, erregt von Wein und Flötenton, der Wollust frönend.

  (…)

Da rüttelt's deine Mutter auf, und sie beginnt, die andren aus dem Schlaf zu holen. Das Muhen meiner Rinder hatte sie geweckt. Die Frauen kommen auf die Füße, seh'n sich verwundert um, ein Ebenbild der Reinheit und der Unschuld, alte wie junge, auch unberührte Mädchen in ihrer Mitte. Sie schütteln sich da

Haar, ziehen ihre gefleckten Rehfelle zusammen, die sich gelockert hatten, und gürten sie mit Schlangen, die ihre Wangen lecken. Und junge Mütter, deren Brüste voll, weil sie ihr Kind zu Haus gelassen, gaben stattdessen einem Rehkitz oder kleinen Wolf zu trinken. Und Kränze legten sie sich um aus Efeu, Eichenlaub und blühenden Liliengewächsen. Manch eine schlug mit dem Fruchtstab an den Felsen. Ebenda sprang eine frische Quelle auf. Andere bohrten mit ihren Gerten in den Boden, und Wein bescherte ihnen dort die Gottheit. Die aber Durst nach Milch verspürten, brauchten den Boden nur dafür anzukratzen, gleich floss sie in Strömen.

Von den Efeuranken tropfte süßer Honig. Wärst du dabei gewesen, König, der Anblick hätte dich bekehrt, den Gott, welchen du schmähst, zu ehren!

(…)

Wir taten uns darauf zusammen, ich und noch andre Hirten, um zu besprechen das wunderbare Tun der Frauen. Einer, der gut reden konnte, aber sprach: »Was haltet ihr davon, wenn wir Agaue aus dem Schwarm der Bakchen entführen? Der König wird's uns danken.« Gleich legten wir uns auf die Lauer. Bald hoben ihren Fruchtstab dann zum Tanz die Weiber. »Lärmender!« riefen alle im Chor. »Brausender Sohn des Zeus!« Mit ihnen tosten Wald und Wild in wildem Taumel.

(…)

Agaue tanzte dicht an mir vorbei. Ich kam hervor, um sie zu packen, und verließ so meinen Hinterhalt. Sie aber schrie: »Alarm! Hier liegen Kerle, die uns fangen wollen! Legt euren Fruchtstab an und macht sie nieder!« Nur wilde Flucht konnt' uns noch retten davor, zerfleischt zu werden. Stattdessen stürzten die Bakchen sich auf unser Vieh mit bloßen Händen. Und mehr als eine Kuh mit vollem Euter wurde kraftvoll auseinander gerissen. Blutige Rippen und Hufe flogen davon, blieben in den Tannen hängen, von wo es rot heruntertropfte.

Kräftige Stiere, die sonst jeden aufspießen, fielen zu Boden und wurden von den Weibern fortgeschleppt. Schon war ihr Fleisch von allen Knochen weggerissen.

(...)

Dann stürmten sie hinab ins Tal, wo rechts und links vom Fluss Getreide wächst, und überfielen dort die Dörfer, schleppten alles fort. Die Kinder raubten sie sich aus den Häusern. Was auch sie auf den Schultern trugen, fiel nicht, obwohl kaum festgezurrt, von dort herunter, selbst Erz und Eisen. Sie trugen Kohlebecken auf dem Kopf, die ihre Locken nicht verbrannten. Die Dorfbewohner aber waren wütend auf die Räuberinnen und griffen nach den Waffen. Da geschah ein Wunder. Die scharfen Waffen schlugen keine Wunden. Die Bakchen schwangen wild ihre Fruchtstäbe und schlugen damit die bewaffneten Männer in die Flucht. Das konnte nur mithilfe eines Gotts gelingen!

(…)

Dann kehrten sie zurück nach dort, von wo sie aufgebrochen waren, zu jenen Quellen, die er Gott für sie entstehen ließ. Dort wuschen sie ihr Blut ab. Aus dem Gesicht aber leckten es ihnen die Schlangen.

(…)

Wer ihr Gott auch sein mag, mein König, du nimmst ihn besser auf in unsre Stadt! Denn er ist mächtig und hat, wie's heißt, ja selbst den Weinstock auf die Welt gebracht, dessen Früchte alle Sorgen löschen. Sintemal ohne Wein wir Menschen ohne Lust und Begehren wären.

CHORFÜHRERIN

Auch wenn ich zögere, dem König zu bekennen, was ich denke, es soll hiermit gesagt sein: Dionysos kann jedem Gott das Wasser reichen!

PENTHEUS

Die Glut dieses frevelhaften Zaubers frisst unterschwellig sich heran. Schlimme Schande für ganz Griechenland!

(zu dem Boten)

Geh auf der Stelle, geh zum Stadttor! Gib Befehl, dass alle Männer schwer bewaffnet dort erscheinen: die Reiter, Fußsoldaten und die Bogenschützen! Wir werden gegen diese Bakchen ziehen! Das fehlte noch, solch durchgeknallten Weibern den Sieg zu überlassen!

Bote geht ab.

DIONYSOS

Du bleibst verstockt, Pentheus, auch nachdem du meine Worte hörtest. Trotz der Missachtung, die du mir zeigst, warne ich dich, bewaffnet gegen einen Gott zu ziehen. Hör auf! Der Brausende wird es dir nicht erlauben, seine Bakchen aus dem Bergwald zu vertreiben, wo sie ihm huldigen.

PENTHEUS

Belehr' mich nicht! Sei froh, dass du frei gekommen bist. Oder soll ich dich noch einmal einsperren?

DIONYSOS

Opfere lieber dem Gott und widersetze dich als Mensch nicht länger.

PENTHEUS

Das Blut seiner Weiber werde ich ihm opfern, wenn ich sie fort aus den Wäldern scheuche!

DIONYSOS

Sie werden dich verjagen – mit ihren Fruchtstöcken, die jedes Schwert beschämen, jeden Schild durchdringen können.

PENTHEUS

Du weißt auf alles eine Antwort, ob gefesselt oder frei, und kannst dein Maul nicht halten.

DIONYSOS

Noch ist es nicht zu spät für dich!

PENTHEUS

Ich soll mich, sagt du, denen unterwerfen, die mir gehorchen müssten?

DIONYSOS

Ich bringe dir die Bakchen her, ganz ohne Kampf.

PENTHEUS

Das ist bloß wieder eine deiner Listen.

DIONYSOS

Weil ich versuche, dich zu retten?

PENTHEUS

Damit der Lärm nur ewig weiter geht!

DIONYSOS

Das stimmt. Dem Gott soll immer Ehr' erwiesen werden.

PENTHEUS

(schickt sich an zu gehen)

Bringt meine Waffen! Und du höre auf noch mehr zu reden!

DIONYSOS

Wie du willst. – Du hättest vorher keine Lust, die wilden Weiber mal zu sehen?

PENTHEUS

Du meinst … ?

DIONYSOS

Verlockt es dich?

PENTHEUS

Mir wär' es bitter, sie so von Sinnen zu erblicken …

DIONYSOS

… doch möchtest du es einmal sehen.

PENTHEUS

Nur, wenn ich mich dabei im Wald verstecken kann.

DIONYSOS

Sie werden dich entdecken, egal wie heimlich du dich anstellst.

PENTHEUS

Dann lieber nicht, du hast schon recht.

DIONYSOS

Ich könnte hilfreich sein, wenn du das willst.

PENTHEUS

Von mir aus. So lange werd' ich dich verschonen.

DIONYSOS

Zieh' dir dafür ein hübsches Kleid an.

PENTHEUS

Als Mann soll wie ein Weib ich kommen?

DIONYSOS

Sie könnten dich zerreißen, wenn du ihnen unähnlich siehst.

PENTHEUS

Damit könntest du recht haben.

DIONYSOS

Dionysos gibt mir die Worte ein.

PENTHEUS

Wie stell' ich's also an?

DIONYSOS

Ich komm' mit dir ins Haus und kleide dich dort ein.

PENTHEUS

Mit Frauensachen? Ich genier' mich.

DIONYSOS

Also willst du das Treiben lieber nicht erkunden?

PENTHEUS

Wie willst du mich denn dann verkleiden?

DIONYSOS

Dein Haar muss lang herunterwallen.

PENTHEUS

Was soll ich anhaben?

DIONYSOS

Ein Gewand bis zu den Köcheln. Um den Kopf ein Band, das dein Haar zurückhält.

PENTHEUS

Auch schmückend' Beiwerk?

DIONYSOS

Ein Fruchtstab für die Hand, ein Rehfell, das du überwirfst.

PENTHEUS

Ich kann mich doch nicht so als Frau verkleiden.

DIONYSOS

Wenn du als Mann kommst, werden sie dich töten.

PENTHEUS

Stimmt. Ich will sie lieber heimlich erst beäugen.

DIONYSOS

So verhinderst du das Schlimmste.

PENTHEUS

Und wie durchquere ich die Stadt, ohne dass man mich sieht?

DIONYSOS

Wir nehmen Seitengassen. Ich pass schon auf.

PENTHEUS

Ich will nur nicht, dass diese Bakchen mich verlachen. Geh'n wir ins Haus – ich denke nochmal drüber nach.

DIONYSOS

Ganz wie du willst. Ich helfe dir bei allem, was du vorhast.

PENTHEUS

Ich geh jetzt. Entweder werde ich mit Waffen in den Kampf ziehen – oder deinen Rat befolgen.

Er geht ab.

DIONYSOS

Er ist verloren, denn er wird zu den Bakchen gehen. Dort wird er mit dem Tode büßen! Dionysos, jetzt ist's an dir. Du bist nicht fern, wir wollen ihn bestrafen! Verwirre ihn durch einen inn'ren Taumel! Denn bleibt er bei Verstand, wird er kaum Weiberkleider tragen. Er muss seinen Verstand verlieren. Ich werde ihn zum Spott von allen machen, in Frauenkleidern durch die Stadt führ'n, nachdem er vorher mir gedroht hat. Auf jetzt, ich werd' ihm seinen Schmuck anlegen, mit dem er in die Hölle ziehen soll, zerfleischt von seiner eignen Mutter. Er soll das Kind des Zeus, Dionysos erkennen, den fürchterlichen, der auch Segen spendet allen Sterblichen, die an ihn glauben.

DIONYSOS GEHT AB.

CHOR

Die Nacht hindurch will ich tanzen zu Ehren des Dionysos, den Kopf in taunasser Luft, und wie ein Reh mich wälzen im grünen Lustbett der Wiese. Denn entronnen bin ich der Horde der Jäger, deren Geschrei mich in die Flucht schlug. Schnell wie der Wind flog ich entlang der Ufer des Flusses erfreut in die Freiheit ohne Verfolger, und weide mich nun an den zarten Sprossen unter dem Laubdach des Waldes.

Welch ausgemachtere Erfahrung, welch schönere Gabe stellt der Himmel dem Mensch zur Verfügung, als siegreich die Faust in den Nacken des Gegners zu setzen? Weil es gut so ist, macht es Vergnügen.

Langsam, doch kräftig kommt der Gott endlich zu sich und zieht zur Rechenschaft jene, die im starrsinn'gen Wahn ihm die Ehrung verweigern. Viel Zeit kann vergehen, während welcher die Götter die Frevler im Auge behalten. Dann schlagen sie zu! Unser Denken und Tun sollen niemals die Grenze von dem überschreiten, was gebietet der Brauch! Nicht schwer fällt es, an göttliche Mächte zu glauben und daran, dass eine überlieferte Praxis in ewiger Wahrheit besteht.

Glücklich jener, der den Wogen des Meeres entkam in den Hafen! Glücklich jene, die ihre Leiden besiegten! Immer neu stechen Menschen sich aus durch Reichtum und Macht! Und jeder hofft etwas andres! Die einen gelangen zum Ziel, die andren vergehen. Wer aber das Heute genießt, den schätze ich glücklich.

DIONYSOS TRITT AUF.

DIONYSOS

Du, der das Verbotene erblicken willst und eifrig bist, wo sich kein Eifer schickt – Pentheus komm' heraus in Weibertracht, lass dich sehen als Bakche, um zu belauschen deine Mutter und den Rest der Frauen!

(…)

Du siehst ja aus wie deine Tanten!

PENTHEUS ERSCHEINT IN FRAUENKLEIDERN.

PENTHEUS

(schwummerig)

Ich seh' die Sonne doppelt und alle Häuser hier der Stadt. Auch du siehst eigenartig aus wegen der Hörner, die deinem Kopf entwachsen sind. Bist du in Wirklichkeit ein Stier?

DIONYSOS

Das ist der Gott mit uns. Erst war er feindlich noch, jetzt ist er gewogen. Jetzt siehst du endlich, was du sehen sollst.

PENTHEUS

Was mache ich für einen Eindruck? Wirk' ich wie meine Tanten?

DIONYSOS

Beinahe hielt ich dich dafür. Doch deine Locken haben sich verschoben und sitzen nicht mehr richtig unterm Haarband.

PENTHEUS

Ich habe drinnen den Dionysos-Tanz geprobt. Dabei könnten sie verrutscht sein.

DIONYSOS

Ich bring das wieder in Ordnung. Halt deinen Kopf mal gerade.

PENTHEUS

Ja bitte, ich verlasse mich auf dich.

DIONYSOS

Der Gürtel sitzt zu locker, die Falten des Gewandes fallen falsch über die Knöchel.

PENTHEUS

Stimmt, auf der rechten Seite – links sieht's gut aus.

DIONYSOS

So, jetzt ist alles richtig. Wart' nur, dieser Aufzug wird noch zu deiner Lieblingskleidung. Die Bakchen wirst du nun bald erblicken, sie sind ganz anders, als du glaubst.

PENTHEUS

Wie soll ich denn den Fruchtstab halten? In welcher Hand ist's richtig?

DIONYSOS

Rechts. Heb' ihn gleichzeitig mit dem rechten Fuß. Es freut mich, dich so umgewandelt vorzufinden.

PENTHEUS

Mir ist, als könnte ich den Bergwald auf die Schultern nehmen, zusammen mit ihm alle Bakchen.

DIONYSOS

Wenn du's nur willst, soll es geschehen. Vorher warst du nicht ganz beieinander, jetzt fängst du endlich an, Vernunft zu zeigen.

PENTHEUS

Brauch ich einen Baum, um den Berg auszuhebeln, oder schaffe ich's mit bloßen Händen?

DIONYSOS

Willst du die Grazien und den Hirtengott aus seiner Höhle vertreiben? Lass den Berg lieber stehen.

PENTHEUS

Du hast recht. Man soll Weibern keine Gewalt antun. Ich verstecke mich liebe hinter den Tannen.

DIONYSOS

Du wirst die richtige Stelle schon finden, um sie auszuspionieren.

PENTHEUS

Nicht auszudenken, was sie alle dort so treiben. Weil sie denken, dass ihnen niemand zuschaut.

DIONYSOS

Deswegen legst du dich ja auf die Lauer. So kannst du alles mit eigenen Augen sehen. Du erwischst sie so – wenn sie dir nicht zuvorkommen.

PENTHEUS

Komm, wir gehen. Nicht hintenrum, sondern mitten durch Theben! Das muss außer mir erst mal einer bringen!

DIONYSOS

Ganz Theben zeigst zu so, wie du für alle da bist. Komm', ich bringe dich sicher hin! Zück begleitet dich dann jemand anders.

PENTHEUS
Meine Mutter, nicht wahr?

DIONYSOS
Alle werden dich dann sehen und auf dich zeigen!

PENTHEUS
Deswegen wag' ich's!

DIONYSOS
Auf Händen wirst du sogar getragen werden.

PENTHEUS
Was könne Erhabeneres ich mir wünschen?

DIONYSOS

In den Armen deiner Mutter.

PENTHEUS

Du drängtest mich, mir solche Ehre einzuhandeln.

DIONYSOS

Das streite ich nicht ab.

PENTHEUS

Ich habe es fürwahr verdient.

Er geht ab.

DIONYSOS

Ein unerhörter »Ruhm«, der ihn unvergesslich machen wird, ist nah. Bald wird sich alles zeigen. Agaue, strecke deine Hände aus. Das wird ein heißer Kampf. Der Sieger aber werde ich sein und der Brausende.

DIONYSOS GEHT AB.

CHOR

Auf ihr rasenden Hunde des Wahnsinns, hoch in die Berge, wo die Töchter des Kadmos im festlichen Reigen tanzen. Stachelt sie auf mit Wut gegen den Verrückten, der verkleidet als Weib sie belauert! Seine Mutter soll ihn zuerst erblicken, wie er Ausschau hält von einem hohen Felsen oder Baum. Laut wird sie zu den anderen schreien: »Was ist das für ein Späher dort, der über die Höhen schleicht unserer Berge? Wer hat ihn geboren? Es kann kein Weib gewesen sein. Eine Hyäne vielleicht oder eine Schreckgestalt mit Schlangenhaaren aus Afrika!

Verkörperung der Gerechtigkeit erscheine mit deinem Schwert, zerschneid' ihm die Kehle, schlachte ihn gnadenlos, diesen elenden Sprössling der Erde.«

Er hat Unrechtes vor, sein Eifer ist sündig, mit dem er sich anschleicht zur heiligen Feier, vollkommen verblendet in seinem Wahn, das Unbesiegbare niederzuringen. Gnadenloser Tod steht den Dummkopf bevor, der sich den Göttern widersetzt, den Vernünftigen aber erwartet ein sorgenfreies Leben. Frei von Neid streb' ich nach Weisheit. Ich will nur inmitten von dem, was schön ist, Tag und Nacht leben voll Glück, den heiligen Pflichten gehorchend und der Unbesonnenheit leid sein, den Göttern die Ehre erweisen.

Verkörperung der Gerechtigkeit erscheine mit deinem Schwert, zerschneid' ihm die Kehle, schlachte ihn gnadenlos, diesen elenden Sprössling der Erde.

Zeig dich als Stier, Dionysos, als tausendköpfiger Drache, als Löwe, umblitzt von wilden Flammen! Lächele und werfe dem Schänder der

Riten dein tödliches Netz übers Haupt, sobald er sich wiederfindet im wilden Schwarm deiner Bakchen.

ZWEITER BOTE TRITT AUF.

ZWEITER BOTE

O Kadmos, einst war dein Haus, erwachsen aus den in der Erde versenkten Zähnen eines Drachens, welchen du erschlugst, das glücklichste ganz Griechenlands. Doch wie beklag' ich jetzt, auch wenn ich nur ein Sklave bin, sein Schicksal.

CHOR

Was bringst du uns für Neuigkeiten von den Bakchen?

ZWEITER BOTE

Pentheus ist tot.

CHOR

Brausender, unser Gebieter, so offenbarst du dich als Gott!

ZWEITER BOTE

Warum sagt ihr so was? Freut ihr euch denn über den Tod unseres Königs, ihr Kleinasiatinnen?

CHOR

Unser König ist er nicht! Er sprach nicht unsere Sprache, kennt nicht unser Land. Jetzt sind wir endlich frei, und er bedroht uns nicht mehr.

ZWEITER BOTE

Ihr glaubt wohl, in Theben gibt es keine Männer mehr, dass ihr so freche Reden wagt.

CHOR

Unser Herrscher ist Dionysos, niemand aus Theben.

ZWEITER BOTE

Und der gibt euch das Recht, euch über den Tod von jemand anderen zu freuen?

CHOR

Erzähle uns, wie er gestorben ist, der Autokrat. Erzähle uns alles.

ZWEITER BOTE

Wir verließen Theben, setzten über den Fluss und durchquerten die zerstörten Dörfer am Fuße des Berges. Von dort kletterten wir aufwärts zu den hohen Wäldern, Pentheus, dahinter ich; der Fremde ging voran. Oben angekommen, entdeckten wir eine Mulde, in deren Gras ruhten wir uns etwas aus. Von da an gingen wir geduckt, um möglichst wenig gesehen zu werden. Wir passten auf, dass wir keine Steine lostraten, sprachen leise. So kamen wir zu einem schmalen Tal, welches ein Bach durchfloss. Kiefern spendeten Schatten. Dort saßen die Bakchen, waren froher Dinge und beschäftigt.

Die einen flochten frischen Efeu um ihren Fruchtstab, andere drängten sich zusammen wie junge, freigelassene Fohlen und sangen abwechselnd Dionysos-Hymnen.

(...)

Pentheus konnte sie nicht richtig erkennen. »Unsere Position ist ungünstig«, sagte er zu dem Fremden. »Weiter oben, von einem Tannenwipfel, kann ich ihre Orgien besser beobachten.« Da packte der Fremde, ich schwör's, einen Baumwipfel und zog ihn in unsere Mulde hinunter. Er krümmte den Baum wie einen Bogen und hielt die Spitze unserem König hin. Der kletterte hinauf, und der Fremde ließ den Baum vorsichtig zurück sich wieder aufrichten. Hoch oben aber saß mein Herr.

(…)

Die Bakchen erblickten ihn dort eher als er sie sah. Der Fremde aber war verschwunden, und aus dem Himmel hört' man eine Stimme, ich meine, des Dionysos: »Ihr Frauen, hört, hier seht ihr den, der meine Weihen nur mit Spott verfolgt! Bestraft ihn!« Dabei flammte zwischen Himmel und Erde ein gezackter Blitzstrahl, verband sie. Danach war alles still und kein Geräusch mehr der Natur zu hören. Die Weiber hatten die Worte kaum begriffen, standen auf und schauten sich verwundert um.

(…)

Da erklang die Stimme erneut. Jetzt verstanden sie, was der Gott befahl. Wie wild gewordene Tauben jagten sie los über die Felsen, durch die Schlucht, besessen vom Geist des brausenden Gottes. Als meinen Herren auf der Spitze des Baums sie erblickten, kletterten sie auf eine Felsnadel gegenüber und warfen von dort große Steine auf ihn. Andere schleuderten ihren Fruchtstab auf Pentheus. Aber sie verfehlten ihn; denn er schwankte zu hoch, wenn auch von seinem Sitz keine Entkommen mehr möglich war. Da rissen die Weiber Eichenäste los und versuchten, Pentheus' Tanne damit an den

Wurzeln auszuhebeln. Doch es gelang nicht. Agaue rief: »Los, wir umringen alle den Stamm und packen ihn! Wir müssen diesen Späher ergreifen, der ihn erklettert hat! Er darf nichts verraten von den geheimen Tänzen!« Und tausend Hände griffen nach dem Stamm, rissen die Tanne zu Boden. Pentheus stürzte jählings hinab zur Erde. Er schrie und stöhnte und ahnte, dass sein Ende nahte. Als Erste stürzte seine Mutter über ihn her.

(…)

Schnell riss Pentheus seine Locken herunter und zerstörte auch sonst seine Maske, damit sie das Gesicht erkannte und ihn schonte. »Mutter!« schrie er und berührte ihre Wange mit der Hand. »Ich bin's doch, Pentheus, dein Sohn, den du geboren! Hab' Mitleid und verschone mich!« Sie aber, deren Augen rollten und deren Mund wild schäumte, vermochte ihn nicht zu verstehen. Besessen von der Wut des Lärmenden, packte sie seine Hand, stemmte den Fuß in seine Seite und *riss die Schulter heraus*. Die Kraft dazu verlieh ihr der Dionysos. Ihre Schwester, Pentheus' Tante, zerrte ihm das Fleisch von den Rippen. Auch die andere Tante stürzte sich auf ihn, mit ihr der Rest der Weiber. Ein einz'ger Schrei entrang sich seiner Kehle und wurde übertönt vom Gegröle der rasenden Frauen. Eine riss den Arm ihm aus, die andere den Fuß mitsamt seinem Schuh. Die Rippen waren überall zu sehen. Die Bakchen warfen sich sein Fleisch mit ihren blutbefleckten Händen zu.

(…)

Jetzt liegt sein Leib in Stücken bei den Felsen und im Unterholz des Waldes, wo man ihn kaum findet. Nur sein Haupt fiel in die Hände der Mutter. Die hat es auf die Spitze ihres Fruchtstabes gesteckt im Wahn, es handle sich um einen Löwen, und stolziert damit durch den Gebirgswald. Ihre Schwestern ließ sie bei den Weibern zurück. Voller Stolz auf ihre grauenhafte Beute nähert sie sich nun der Stadt und lobt dabei Dionysos als Oberjäger, der ihr die Beute fangen half. Ich halte es nicht aus und verlasse diesen Ort, bevor Agaue hier eintrifft.

(...)

Gottergebenheit ist das höchste Glück und gibt Ruhe dem Menschen, der nach ihr zu handeln weiß.

CHOR

Wir wollen tanzen zur Ehre des Dionysos und jubeln über das Unglück des Pentheus, des Drachen-Enkels, der sich als Frau verkleidet und den Fruchtstab ergriffen hatte; das brachte ihm den sicheren Tod. Vom Stiere ließe er sich verführen ins Verderben. Ihr Bakchen von Theben habt einen herrlichen Sieg errungen und gekrönt mit Jammern und Schaudern! Das ist wahrhaftige Tüchtigkeit: das eigene Kind zu zerfetzen! Da kommt Agaue, und sie eilt zum Palast! Ihr Blick verkündet Begeisterung. Nehmt herzlich in Empfang den Überschwang des Jubelgottes!

AGAUE
Ihr Bakchen Kleinasiens!

CHOR
Was rufst du uns?

AGAUE
Ich bringe euch ein Rankengewächs, frisch gepflückt aus den Bergen, es spendet Segen!

CHOR

Komm' in unsere Mitte, Schwester des festlichen Schwarms!

AGAUE

Ich fasste ihn ohne Schlingen und Netz, einen jungen Löwen. Sehr her!

CHOR

Wo fingst du ihn?

AGAUE

Über der Stadt!

CHOR

Im Bergwald?

AGAUE

Dort ereilte ihn der Tod!

CHOR

Wer wurde mit ihm fertig?

AGAUE

Mir ward die Gunst, die erste zu sein.

CHOR

Gesegnet sei Agaue!

AGAUE

So sagten's meine Schwestern. Sie schlugen dann als zweite zu!

CHOR

So machtet ihr herrliche Beute.

AGAUE

Kommt, teilt mit uns das Festmahl.

CHOR

Was sollen wir teilen?

Agaue hält die Rückseite des Kopfes hin.

AGAUE

Das Kälbchen hier. Es ist noch jung und hat eben erst dichten Flaum auf seinen Wangen bekommen.

CHOR

Es ähnelt wirklich einem wilden Tier mit Mähne.

AGAUE

Dionysos hat uns gezeigt, wo wir ihn finden.

CHOR

Wahrlich ein Jäger!

AGAUE

Er sei gepriesen!

CHOR

Gepriesen!

AGAUE

Bald soll ganz Theben …

CHOR

… und Pentheus …

AGAUE

… seine Mutter loben für die Erlegung dieses Wildes.

CHOR

Seltene Beute!

AGAUE

Sonderbar gefangen!

CHOR

Jubelst du?

AGAUE

Ich bin froh, einen so großen und bemerkenswerten Sieg errungen zu haben zur Ehre meiner Stadt, für alle Welt zu sehen.

CHOR

Arme Agaue, dann führ' jetzt dein Siegeszeichen vor, zeige es der ganzen Stadt vor!

AGAUE

Thebaner, kommt alle her! Erblickt meine Beute! Die Töchter des Kadmos haben dies Wild erlegt, ohne Wurfspieß und Netz! Mit bloßen Armen und Händen! Wer braucht noch geschmiedete Waffen? Holt meinen Vater her, den greisen

Kadmos, und meinen Sohn Pentheus. Er soll eine Leiter mitbringen und hoch an der Wand seines Schlosses den Kopf befestigen, denn ich erjagt und heim gebracht habe!

KADMOS KOMMT IHM FOLGEN SEINE DIENER.

KADMOS

(zu den Dienern)

Folgt mir mit eurer traurigen Last, den Fetzen des Pentheus, hier vor seinen Palast. Es war schwer, ihn zusammenzufinden, so verstreut lag alles umher in dem Bergwald. Kaum kam ich mit Teiresias von den Bakchen wieder in die Stadt, da erreichte mich die Nachricht von der Bluttat meiner Töchter. Ich machte mich gleich auf den Rückweg und bringe nun meinen Enkel, der völlig zerrissen wurde. Ich erblickte noch meine Töchter im blutigen Wahn, die Armen, durchs Unterholz irren. Agaue sei, sagte sie, schon aufgeregt zurück in die Stadt gelaufen. Hier erblicke ich sie nun – mein armes Kind!

AGAUE

Vater! Wie stolz kannst du ab jetzt auf deine Töchter sein, auf ihre Tapferkeit, mit der sie anderer Söhne übertreffen. Besonders aber ich begründe den Ruhm uns'rer Familie, indem ich Heim und Herd hinter mir gelassen und mich als Jägerin bewährt habe. Ohne Waffen, mit bloßen Händen habe ich dies – schau nur her! – erlegt. Die Trophäe soll gleich über dem Palasttor hängen. Nimm' du sie! Und rufe eine große Feier aus!

KADMOS

Oh schrankenloser Kummer, zu grausam für sterbliche Augen! Gemordet hast du mit deinen glücklosen Händen. Ein feines Opfer, das du den Göttern hier darbringst, mich und dazu die ganze Stadt noch einlädst! Weh ist mir um dein Verderben – und um meins! Dionysos hat seine Gerechtigkeit uns angetan. Doch zu grausam warst du, Brausender, zu uns, deiner Familie.

AGAUE

Wie brummig macht das Alter doch die Leute, und sie blicken finster drein! Mein Sohn jedoch mag meinem Vorbild folgen, wenn inmitten seiner Mannen hier aus Theben er dem Wild nachjagt. Stattdessen legt er sich mit Göttern an. Dass musst du ihm ausreden, Vater – versprich's. Wo steckt er bloß? Ich will, dass er mich sieht, wie ich hier glücklich stehe, mit diesem Siegeszeichen im Arm.

KADMOS

Wenn du erst merkst, was du getan hast, wird es dich schrecklich treffen! Wenn doch der Wahn dich nie verließe, um den Schmerz dir zu ersparen.

AGAUE

Welchen Schmerz?

KADMOS

Schau einmal zum Himmel hinauf.

AGAUE

Was ist am Himmel?

KADMOS

Sieht er so aus wie immer, oder hat er sich verändert?

AGAUE

Er sieht ein bisschen heller aus.

KADMOS

Verspürst du noch ein Taumeln – in deinem Kopf?

AGAUE

Was meinst du denn? Ich merke, wie mein Denken sich verändert.

KADMOS

Dann hörst du mich jetzt klar und kannst mir Antwort geben?

AGAUE

Ich höre dich jetzt, ja. Sonst ist der Kopf mir leer.

KADMOS

In welches Haus bist du gezogen nach deiner Hochzeit?

AGAUE

Des Ehemanns dem du mich gabst.

KADMOS

Uns wie heiß euer Kind?

AGAUE

Pentheus.

KADMOS

Und wem gehört der Kopf, den du im Arm trägst?

AGAUE

Einem jungen Löwen.

KADMOS

Schau ihn dir an, dann wirst du ihn erkennen!

AGAUE

Was seh ich da? Was trag ich in meinen Händen?

KADMOS

Schau es dir peinlich an.

AGAUE

Ich sehe – ach, ich Unglückliche!

KADMOS

Siehst du noch immer einen Kopf des Löwen?

AGAUE

Nein, ich halte Pentheus' Kopf. Ich Unglückliche!

KADMOS

Wir haben seinen Tod bereits beklagt, bevor du ihn erkanntest.

AGAUE

Wer hat ihn getötet? Wie kam sein Kopf zu mir?

KADMOS

Die Wahrheit möchte lieber sich verbergen.

AGAUE

Sprich! Mein Herz zittert vor Ahnung.

KADMOS

Du warst es. Sowie deine Schwestern.

AGAUE

Wo starb er denn? In seiner Wohnung oder anderswo?

KADMOS

Im Bergwald.

AGAUE

Was hatte er dort verloren?

KADMOS

Er wollte den Gott und euer Spiel verspotten.

AGAUE

Und wieso waren wir dort?

KADMOS

Ihr wart von Sinnen aus der Stadt geflüchtet.

AGAUE

Dionysos hat uns verwünscht, jetzt versteh' ich.

KADMOS

Er war gekränkt, weil wir ihn nicht als Gott geachtet hatten.

AGAUE

Und wo ist – meines Sohnes Leichnam, Vater?

KADMOS

(auf die Reste weisend)

Das ist alles, was wir noch von ihm fanden.

AGAUE LEGT DEN KOPF ZU DEN RESTEN.

AGAUE

Was hatte Pentheus denn mit meinem Wahn zu tun?

KADMOS

Er hatte wie ihr alle, dem Gott die Ehre nicht erwiesen. Deswegen stürzte er unser Haus, euch wie auch Pentheus, ins Verderben. Ich selber hatte nie einen Sohn und muss jetzt noch erleben, wie deiner, liebe Tochter, zu dem jeder aufblickte in dieser Stadt, dahingemetzelt worden ist. Kein Thebaner hätte je gewagt, mir etwas anzutun, solange Pentheus hier das Zepter schwang. Jetzt wird man mich aus meinem Haus vertreiben, den großen Kadmos, der diese Stadt einmal gegründet hat.

(…)

Mein lieber Junge, lebst du auch nicht mehr, gehörst du doch zu meinem Herzen. Nie wieder wird mein Kinn deine Hand berühren, »Großvater« deine Stimme sagen und mich fragen: »Hat dir einer was zu Leid getan? Fällt dir wer zur Last? Sag's mir, damit ich ihn bestrafen kann.« Nein, jetzt bin ich am Ende, seine Mutter, ihre Schwestern, auch. Wer an den Göttern zweifelt, dem ist Pentheus eine Warnung. Ehre sei ihnen!

CHORFÜHRERIN

Mich rührt dein Schicksal, Kadmos. Doch traf die Strafe deinen Enkel zurecht, so furchtbar sie für dich auch selber ist.

AGAUE

Ach, mein Leben ist verwandelt. Nie wieder kann ich meinen Sohn umarmen und drücken an die Brust, nur Stück für Stück das Kind liebkosen, das ich aufzog. Komm', Vater, legen wir den Kopf an seine Stelle und legen den Leib zusammen, wie es eben geht! Oh teures Antlitz, junges Haupt, ich hülle dich in meine Trauer. Die Teile des zerfetzten Leibs lassen sich kaum bergen ...

LÜCKE IN DER ÜBERLIEFERUNG – AGAUES WEITERE KLAGEN UND SELBTSANKLAGEN WERDEN DURCH DAS ERSCHEINEN DES DIONYSOS UNTERBROCHEN.

DIONYSOS

(zu Kadmos)

Du wirst zu einem Drachen werden, deine Frau verwandelt sich in eine Schlange. Ihr werdet, sagt Zeus voraus, eine fremde Streitmacht lenken und viele Städte niedermachen. Wenn euer Heer alsdann das Heiligtum Apollos plündert, wird endlich eine Niederlage und schlimme Heimkehr ihm beschieden sein. Du aber und deine Frau werden vom Kriegsgott in die Gefilde der Seeligen gerettet werden.

(...)

Dionysos spricht hier, kein Menschenkind, der Sohn des Zeus! Hättet ihr damals, als ihr noch konntet, mich nicht verschmäht, wäre ich jetzt euer Freund, und ihr genösst meinen Segen.

KADMOS

Dionysos, sei gnädig: Wir waren Sünder!

DIONYSOS

Zu spät. Als ihr noch konntet, habt ihr nicht gewollt.

KADMOS

Das wissen wir. Nur deine Strafe ist zu hart.

DIONYSOS

Das ist sie nicht. Denn ihr habt mich, einen Gott, schwer gekränkt.

KADMOS

Götter sollten nicht wie Menschen zürnen.

DIONYSOS

Mein Vater, Zeus, hat diese Rache mir erlaubt.

AGAUE

Vater, kläglich werden wir abgeschoben.

DIONYSOS

Was wartet ihr? Es ist nicht mehr zu ändern.

KADMOS

Tief sind ins Elend wir gestürzt, Kind, auch du und deine Schwester! In die Fremde muss wandern ich alter Mann! Barbarenheere zurück in meine Heimat führen. Deine Mutter, die Tochter des Kriegsgottes, soll ich wie ein Wilder gegen Griechenlands Tempel und Grabstätten führen. Keine Ruhe werd' ich nach meinem Leben finden in der Unterwelt.

AGAUE

Ich soll im Ausland leben, ohne dich.

KADMOS

Was umarmst du mich, Kind? Ich kann dir nun nicht helfen.

AGAUE

Lebe wohl, geliebte Heimat. Ich muss dich verlassen.

KADMOS

Ziehe, mein Kind, zu dem Ort, der dir beschieden ist.

AGAUE

Ich weine um dich, lieber Vater.

KADMOS

Und ich um dich – und um deine Schwestern.

AGAUE

Furchtbar traf Dionysos unser Haus!

KADMOS

Schlimm habt ihr ihn auch beleidigt.

AGAUE

Ich wünsche dir Glück, mein Vater!

KADMOS

Glück wünsche ich auch dir, mein Kind. Du wirst es schwerlich finden.

AGAUE

Bringt mich zu meinen Schwestern, Diener, die mich in die Verbannung begleiten sollen. In ein Land will ich ziehen, fern von dem verfluchten Bergwald. Wo auch kein Fruchtstab mich an ihn erinnert. Mit dem sollen nun andre Backchen tanzen.

CHOR

Mannigfach zeigt sich das Erhabene, die Götter wirken allzeit unerklärlich. Die Hoffnungen erfüllen sich nicht, ihr Gegenteil tritt stellvertretend ein. So war auch der Lauf von diesem Geschehen.

ENDE

Hat sich das Buch gelohnt?

Wenn ja, würde ich gerne davon erfahren! Ehrliche Rezensionen helfen anderen Lesern, das richtige Buch für ihre Bedürfnisse zu finden.

*

Auf den nächsten Seiten folgen Textproben aus weiteren Büchern von Jona Tomke.

Hanuman in Lanka

Textprobe aus J. Tomke DAS RAMAYANA - nacherzählt für Kinder und ihre Eltern

ISBN 9783753444314

Der Prinz fragte: »Wie weit ist es nach Lanka?«

»Nur wenige Kilometer«, antwortete der Geier. »Mein Wort.«

Der Prinz blickte hinaus aufs Meer. Er spürte, wie sich Wellen des Zweifels der Affen und Bären bemächtigten.

»Wer will über das Meer springen und uns Nachrichten über Sita zurückbringen?«, fragte der Prinz.

Die Affen und Bären antworteten durcheinander.

»Ich kann einen Kilometer springen.«

»Ich zehn!«

»Ich kann dreißig springen – aber nicht mehr zurück!«

Jambavan wandte sich an Hanuman, der neben ihm stand. »Du bist jung und stark. Ich habe von dir nicht gehört, wie weit du springen kannst.«

Hanuman sagte: »Ich werde es tun.«

Allmächtiger Rama, Hanuman war der Sohn des schnell rasenden, weitherzigen Winds. In seiner Vorstellung hatte er die Meerenge nach Lanka schon übersprungen und betrat gerade die Dämonenstadt.

Er kletterte auf einen der Mittagsberge, um festen Grund unter den Füßen zu haben. Dann pumpte er sich voll mit Kraft. Er wurde sehr groß und schwer, und sein Tritt zerdrückte den Berg, quetschte Wasser heraus, das in Strömen herabfloss. Steinlawinen lösten sich, Tiger rannten weg, Vögel flogen davon.

Hanuman stand auf der Bergspitze. Er hielt den Atem an, zog seinen Bauch ein. Sein Schwanz hüpfte auf und ab. Er ging in die Knie, schwang die Arme nach hinten. Dann zog er, ohne nachzudenken, seinen Nacken ein, legte die Ohren an und sprang!

Es war großartig! Der gewaltigste Sprung, der je unternommen wurde. Die Tiere der Mittagsarmee hatten so etwas noch nie gesehen. Sie jubelten auf dem Strand:

»Hanuman!«

Und die Luft brannte, während Hanuman sie durchjagte. Rote Wolken flammten über den Himmel. Hanuman war vom Land aus längst nicht mehr zu sehen, der weiße Affe, der wie ein Komet gegen den Himmel drückte und die Wolken auseinanderstieß. Der Wind brauste unter seinen Armen und wühlte das Meer auf. Gischt spritzte hoch unter Hanuman und verdampfte an der Sonne. Das grüne Salzwasser trat auseinander, und er konnte die Wale und die erschrockenen Fische wie in ihrer Wohnung gestörte Menschen sehen.

Die grünen Hügel Lankas erschienen am Horizont. Hanuman erblickte die Küstenlinie aus warmem weißen Sand, dahinter schwankten Palmen, die Wälder bildeten.

Dann sah er die Stadt – vier Tore in vier Himmelsrichtungen –, und ihre starken Goldmauern glänzten in der Farbe der Sonne. Elefanten standen unter den Torbogen, und Rakshasa-Bogenschützen hielten Ausschau von den Dächern und Türmen. Lanka schien völlig aus Zauber gewebt, wie ausgedacht nach einem wundervollen, halb vergessenen Traum.

Hanuman landete auf einer Anhöhe unter

einer überhängenden Klippe unweit der Stadt. Die Schatten des Nachmittags zogen sich gerade in die Länge, und Nacht überkroch die dunkelnde Welt. Hanuman nahm die Form einer kleinen silbernen, gescheckten Katze an. Er band sich Ramas Ring um den Nacken, der in dem Fell verschwand.

Im Schutz der Dunkelheit sprang er über den Stadtgraben, vermied den Haupteingang und tänzelte den Fuß der Mauer entlang zu einer Stelle, wo es kein Tor gab. Dort sprang er hinauf, über die hohe Mauer, und landete – mit dem linken Fuß zuerst – ausgerechnet auf dem Kopf eines Rakshasas.

Schnell versteckte er sich und wartete, während sich der Himmel über ihm drehte.

Mitternacht kam, und Hanuman begann seine Suche nach Sita. Er sah die Nachtwachen aus Rakshasas aller Dämonennationen, Krieger, die den Himmel erobert und sämtliche Völker der Erde unterworfen hatten. Er sah die königlichen Spione mit verfilztem Haar wie heilige Bettler. Er sah Dämonen, die weise und mächtig erschienen, obwohl sie betrunken im Weinrausch schliefen. Er sah Armeeoffiziere miteinander reden und ihre starken Arme bewegen, die auf ihre Brust schlugen und

Befehle gaben. Er sah Gift und Galle, flinke Dämonen, die nie schliefen, im Dunkeln lagen und ihre trostlosen starrenden Augen rollten. Und über all dem wurde der Singsang heiliger Worte lauter, während die Nacht nicht aufhörte. Die klingende Macht von Lanka erfüllte die Luft.

Hanuman arbeitete sich ins Zentrum der Stadt voran. Dort bildete eine niedrigere Mauer einen Kreis, der den Palast des Königs Ravana einschloss. Hanuman sprang über die Mauer und landete dahinter in einer Anlage. Er suchte das Gelände ab, einen Vorgarten, und erreichte das Gebiet um Ravanas Palast. Es war so groß wie die halbe Stadt. Hier stand der herrliche Flugwagen, den man allein mit Gedanken steuern konnte und den Ravana seinem Halbbruder, dem unsterblichen Herrscher, gestohlen hatte.

Der kolossale Wagen war überweltlich schön, wie aus Blumen gemacht, und schwebte zwei Finger über dem Boden. In ihm befanden sich Hügel, grüne Wiesen, süß riechende Rosenbeete und Elfenbeinbänke, die mit Brokat bedeckt waren. Es gab Kristallfenster und geheime Durchgänge, Seidenzelte, Moosgärten, überwachsene Pfade und Lager aus Farn.

Hanuman durchsuchte den weiten, herrlichen Wagen. Aber niemand war an Bord. Nichts bewegte sich. An der vorderen Brüstung schnupperte Hanuman in die Luft. Bald roch er das Sandelholz, aus dem der Wagen gemacht war, und all seine Blumen. Aber der Wind drehte sich ein wenig und trug den Duft königlicher Mahlzeiten und teurer Parfüms heran.

Hanuman dachte: »Finde das Vergnügen der Sinne, dort findest du den Dämonenkönig.«

Er glitt in den Palast, folgte dem Geruch des Essens, Weins und Duftwassers. Er ging die weite Treppe aus Edelsteinen und geglättetem Gold hinauf. Danach durchquerte er eine Halle, deren Boden aus Silber war. An ihrem Ende stand eine Tür aus Jade offen. Dahinter befand sich Ravanas Schlafzimmer.

Hanuman schlich hinein und erblickte auf dem weiten Boden, erleuchtet vom Flackern der Lampen, schlafende Frauen, die so durcheinander lagen, dass man nicht sehen konnten, wo die eine anfing und die andere aufhörte. Das waren die Gespielinnen des Dämonenkönigs, miteinander verschlungen in der Umarmung des Schlafs.

Am anderen Ende des Raums sah Hanuman ein Kristallbett unter einem weißen Schirm. Er kam näher und schaute nach. Dort lag der Dämonenkönig Ravana und schlief, heroisch und dunkel, in Weiß gekleidet, wie ein tief atmender Hügel.

Hanuman schreckte vor Entsetzen zurück. Ravana lag da wie eine Zusammenstellung von allem, was falsch ist. Eine Masse des Leids und Schadens und der Brutalität und Dunkelheit des Herzens.

Hanuman sprang auf die Schlafzimmerterrasse, von dort in den Hof hinter dem Palast. Mit einem leisen Schnappen warf er seine Katzengestalt ab. Jetzt war er wieder ein weißer Affe, und Ramas Ring saß wieder auf seinem Finger.

Eine Mauer schloss den Park hinter dem Palast ein. Hanuman saß müde auf deren Krone, und seine Fersen kratzten gegen den Stein. Es kam ihm vor, als ob er die Hälfte aller Türen und Fenster der Welt geöffnet und geschlossen hatte.

Und doch konnte er Sita nicht finden.

Er seufzte und sprach in die gähnende Leere: »Sita ist bestimmt tot. Aus Vergnügen am Bösen hat Ravana sie getötet. Weinend hat sie mit ihrem letzten Atemzug nach Rama gerufen. Sie lebt nicht mehr.« Tränen tropften aus Hanumans Augen und rannen über sein rotes Gesicht. »Ach, bin ich unglücklich. Was für ein Misserfolg. Ich ertrage es nicht, zu Rama zurückzukehren, ohne ihm Nachricht von Sita geben zu können. Nie wieder werde ich lachen und mit meinen Waldfreunden spielen können. Oh, ich halte das nicht aus! Ich werde sterben.«

Jedes seiner Worte durchhangelte die Luft und erreichte die langen Ohren des Windgottes. Der schickte sich an, seinem traurigen Sohn neuen Mut zuzupusten. Hanuman saß mit gesenktem Kopf auf der Mauer, als der Luftdruck aus der Ferne zunahm. Überall fingen die Blätter an, zu zittern. Hanuman öffnete die Augen und spähte durch seine haarigen Finger. Ein Windwirbel kam direkt auf ihn zu. Der Gott holte tief Luft und blies seinen Sohn – schwuppdiwupp – über die Mauer.

Hanuman purzelte und rollte zwischen die Bäume des Parks. Der Wind legte sich bereits wieder, Hanuman stand auf, wischte den Staub aus seinem Fell und sah sich um. Er erblickte einen großen Baum bei einem Teich, um den herum Fackeln brannten. Weil die Nacht zu Ende ging und die Sonne bald über dem Meer erscheinen würde, kletterte er auf diesen Baum und versteckte sich zwischen den Blättern. Er hatte gehört, dass Sita im Exil immer morgens gern in Teichen wie diesem gleich anderen Kreaturen der Wildnis badete. »Sie könnte bei Sonnenaufgang hier erscheinen«, sagte er sich.

Inzwischen kamen einige Teufelsmädchen aus den Schatten und stellten ihre brennenden Fackeln um Hanumans Baum. Sie waren entsetzliche und hässliche Gestalten, eine Ansammlung von Furien, Vielfraßen und Unholdinnen. Ihr Anblick tat Hanumans Augen weh.

Inzwischen hatte sich Ravana, der Dämonenkönig, aus seinem Bett erhoben. Lächelnd richtete er sein Gewand. Er glättete sein Haar und seine zehn Schnurrbärte und ging durch die Hintertür und eine Tür in der Mauer um den Park hinaus. Sein grellen, rot unterlaufenen Augen blinzelten in der Sonne.

Hanuman beobachtete das alles aus der Ferne, versteckt in den dunklen Schatten der Blätter des Baumes, auf den er geklettert war.

Dann sah er sie – eine schöne Menschenfrau, die sich vom Schlaf aus dem

Dreck eines Baumes in der Nähe erhob. Sie kam herüber und setzte sich mit dem Rücken gegen Hanumans Baum. Ihre Beine waren angezogen, und ein abgetragenes staubiges gelbes Tuch hüllte ihren Körper ein.

In Hanuman flüsterte es: »Sita!« Wie hatte sie sich inzwischen verändert. Sie wirkte verwirrt, verloren, gefallen. Aber sie war es wirklich: Sita von edlem Gemüt, dünn durch Kummer und Fasten, mager und zitternd.

Hanuman dachte: »Oh, Ravana, dafür wirst du büßen.«

Ravana kam gerade herüber, kniete sich hin und verbeugte sich zu Sitas Füßen. Er richtete sich wieder auf und lächelte: »Oh du mein Herz, ich bin hilflos gefesselt von lauter Liebe. Sei nicht spröde. Warum liegst du im Staub auf dem Boden, wenn du die Herrin meines Königreiches sein könntest?«

Sita hielt einen scharfen Grashalm zwischen sich und Ravana. »Wenn dir dein Leben lieb ist, fass mich nicht an«, sagte sie. »Wenn du wirklich so stark bist, tu das Richtige und bring mich zurück.«

»Vergiss Rama«, schnaubte Ravana. »Schau dir den Reichtum hier um dich an. Öffne deine Augen! Das wird alles dir gehören.«

Sita sagte: »Bist du von Sinnen, mich mit Reichtum zu locken, wenn alle Schätze der Welt meinem geliebten Gatten gehören? Ich gehöre ihm allein!«

»Grrr.« Ravana warf ihr fürchterliche Blicke zu. Er röhrte und schüttelte seine Köpfe und Hände. Er schien einen Anfall zu haben. Und oben in dem Baum wäre Hanuman beinahe aus seiner Haut gesprungen.

Aber die Dämonenkönigin kam, gab Ravana die Hand und sagte: »Mein lieber Mann, lass sie doch und komm mit mir. Sitas sture Gesinnung verhindert, dass sie deine großartige Gesellschaft genießt.« Und voll Liebe führte die Königin Ravana zurück ins Schlafgemach und Sita wurde allein mit ihren Wächterinnen zurückgelassen.

Die Teufelsmädchen sagten Sita: »Unser unbesiegbarer König macht dir den Hof. Warum an Rama hängen, der bei den Tieren lebt?« Für sie war Sita nur eine Gefangene, unbewaffnet, allein und machtlos.

Sita sagte: »Haltet den Mund und bedroht mich nicht länger!«

»Was?«, schrien sie. Einige von ihnen hatten Messer. Diese zogen sie jetzt heraus und schüttelten sie schadenfroh vor Sitas Gesicht.

Sie schrien: »Entweder du wirst mit Ravana glücklich oder ...!« Die Teufelinnen schubsten und stießen sich und schrien alle auf einmal.

Hanuman wollte schon herunterspringen, um Sita zu helfen, als eine ältere Teufelin neben Sita trat.

»Schnauze!« Sie starrte die anderen an. Die hörten gleich auf, zu schreien und zu zetern. »Seid still!«, sagte sie, »denn letzte Nacht habe ich im Traum etwas Schreckliches gesehen: den Sturz und die Eroberung von Lanka. Tröstet Sita und bittet sie um Vergebung. Sogar in diesem Moment droht uns allen Gefahr, die Rama gesandt hat. Besser bittet ihr sie um Vergebung!«

Sita lächelte: »In dem Fall werde ich euch alle retten.«

Die Teufelinnen gingen auseinander, jede zu ihrem Wachtposten an den Mauertoren.

Sita saß allein unter Hanumans Baum.

Hanuman dachte: »Dämonen können jede Form annehmen. Wie kann ich zu ihr sprechen, damit sie mir vertraut?« Dann sagte er mit ruhiger Stimme, die niemand sonst hören konnte, in der Sprache der Tiere: »Rama, Rama.«

Sita hob den Kopf und horchte.

Hanuman sprach sanft weiter: »Rama hat den falschen goldenen Hirschen getötet. Er hat zu dem sterbenden Geierkönig gesprochen. Alle Tiere der Höhlenstadt haben nach dir gesucht. Ich allein bin über das Meer gesprungen. Ich bin Hanuman, der Sohn des Windes. Hier bin ich, über dir!«

Sita schaute nach oben und erblickte den weißen Affen wie ein Bündel weißer Blitze, aus denen sein rotes Gesicht zu ihr herunterlächelte.

Sie erhob und setzte sich auf einen der tiefen Äste. »Wer bist du? Jetzt fange ich an, Gespenster zu sehen.«

Hanuman kam neben ihr herunter. »Mutter, ich bin es, Hanuman! Ich diene Rama. Wer aber bist du? Bist du ein heller Sternengeist, der sich vor der Eifersucht seines Schöpfers versteckt? Oder bist du Sita?«

»Ich bin Sita.« Sie begann, leise zu weinen, und Tränen strömten über ihr Gesicht. »Welcher Sternengeist würde Tränen vergießen, wenn er den Namen eines sterblichen Königs hören würde? Oh Hanuman, aus allem, was ich erblicke, klingt mir sein Name entgegen und ich habe Angst, dass auch du nur ein Wunschtraum meiner

Seele bist.«

»Ah nein, das bin ich nicht!« Hanuman kam näher. »Hör zu. Zu viel Weinen ist schlecht für deine Augen. Alles wird bald in Ordnung sein, Sita.«

Sita schaute hinunter zu ihren Füßen auf der Erde. Jede Einzelheit war klar und deutlich. Es war kein Traum. Und als sie den Blick wieder hob, las sie mit dem Sinn ihres Herzens Hanumans innerste Gedanken und Gefühle.

»Oh, du mein lieber Affe!«

Sie drückte ihn und raufte sein Fell. »Du bist wie Medizin zu einer Sterbenden gekommen. Wo hast du Rama erblickt? Wie haben Affen und Menschen zueinander gefunden?«

»Erinnerst du dich, wie du dein Fußkettchen über dem Hügel beim See fallen gelassen hast?«

»Oh ja.«

»Das haben ich und mein König gesehen. Er und Rama wurden Freunde und wollen zu Hilfe kommen. Dies ist sein Ring«, sagte Hanuman. »Nimm ihn.«

Sita las den Namen auf dem goldenen Band: »Rama, Rama, Rama«, und es war, als würde Rama sie berühren.

Sita lächelte ein trauriges, süßes Lächeln.

»Hanuman, hat Rama seine Liebe für mich infolge der langen Trennung verloren?«

Hanuman sagte: »Er isst kaum, schläft kaum. Die kalten Nächte sind für ihn wie Flammen, und die sanften Strahlen des Mondes verbrennen ihn, da angesichts wahrer Liebe selbst die Keulen des Todes zerbrechliches Spielzeug sind und nicht zum Kämpfen taugen. Gerade ist Rama woanders, sobald er aber weiß, dass du hier bist, wird er mit einer großen Armee kommen, um dich zu retten. Nichts kann die Affen und Bären aufhalten. Nichts kann Rama und Lakshmana aufhalten. Lass mich zurückgehen und sie noch heute zu dir bringen.«

Sita sah den bemerkenswerten und Achtung gebietenden Affen unentwegt an. Ihre Traurigkeit war gekommen – und gegangen. »Trauter Hanuman, wenn das Jahr zu Ende ist, wird Ravana mich töten. Rede mit Rama, dass er mich vorher rettet.«

»Auf Wiedersehen, es wird nicht lange dauern.«

Hanuman rannte, ohne gesehen zu werden, zum Abschnitt der Parkmauer, der am weitesten von Ravanas Palast entfernt lag. Dort bereitete er sich vor, zurück über das

Meer zu springen, als ihm ein plötzlicher Affengedanke durch den Kopf ging.

Tolle Idee!

Hanuman flitzte, wie vom Bogen geschossen, los. Er pflügte durch Ravanas Wiesen und Blumenbeete und stieß seine Gartenlauben um. Er warf Banken und Ziegelsteine durch die Palastfenster und bespritzte die Wachen mit nassen, schlammigen Lotospflanzen.

Staub, Blätter und die Trümmer von Ravanas Gärten wirbelten über Lanka. Sitas Wächterinnen sahen einen rasenden Affen, der vor Energie sprühte und größer und immer größer wurde. Ravana hörte den Krach in seinem Thronsaal. Achtzigtausend Mann Palastwache flogen aus den hohen Fenstern und erblickten Hanuman groß auf dem Haupttor sitzend.

Hanuman rief: »Siegreich soll Sugriva sein, der König.«

»Welcher König?«, rief das Regiment.

Hanuman riss eine eiserne Stange aus dem Torgitter und schwenkte sie in der Luft. »Mein König!«

Und er schlug alle nieder, dass die Erde bebte.

Auf seinem Thron konnte Ravana Hanumans Siegesschreie hören.

Seine zehn Köpfe drehten sich hin und her und seine Augen schweiften über den Hofstaat. Sie befahlen mit königlichem Blick. Ein junger Krieger, der Sohn eines Dämonengenerals, verbeugte sich und verließ die Reihen. Sobald er im Freien war, fing er an, zu rennen.

Hanuman hüpfte von seinem Tor zu den goldenen Tempeln des Rakshasa-Stadtviertels gegenüber. Er brach eine Marmorsäule heraus und flog auf die Spitze des Tempeldachs. Er wirbelte die Säule so schnell herum, dass sie zu brennen anfing. Funken stoben durch die Luft, die Priester rannten um ihr Leben. Der Tempel ging in Flammen auf und flog allen um die Ohren.

Der junge Krieger hörte die Explosion und rannte dahin, wo sich der Tempel befunden hatte. Zwei Säulen ragten nur noch empor, über denen ein loses Brett lag. Darauf sah er einen Affen, der sich Asche aus dem Fell pflückte.

Der Krieger schaute zu Hanuman mit dem Blick eines jungen Löwen. Hanuman sah zurück und dachte: »Wie jung er ist.«

Der Krieger schoss schnell einen Pfeil, senkrecht, so hoch es ging, und flüsterte: »Komm wieder herunter – mit Affenzahn!«

Hanuman gähnte, räkelte sich auf dem Brett und schloss seine Augen.

Der Krieger starrte auf einen riesigen Brocken Stein, der wie aus dem Nichts herunterkam und ihn knapp verfehlte. Noch einer kam nach. Und noch welche fielen durcheinander.

Der Krieger fluchte.

Staub prasselte herab. Etwas Weiteres fiel. Ein riesiger, langer Baumstamm.

Da kam der Pfeil! Ein langer Schatten, der blitzschnell zunahm und donnernd im Wind pfiff.

Der Krieger wurde zersplittert. Nichts mehr war von seinem Körper und Bogen zu sehen. Hanuman verstand sich eben auch ein bisschen aufs Zaubern.

Er sah Ravana von seinem Palast herüberblicken und heulte, dass die Fenster erzitterten: »Rama!«

Ravana drehte sich auf der Stelle um. Er stieg eine enge Treppe hinunter und duckte sich durch einen Tunnel, der unter der Stadtmauer hindurchführte. Er trat aus einer

Geheimtür, die in einen kleinen Wald am Fuß der Stadtberge führte. Dort saß Indrajit, sein Sohn, ganz dünn und bleich neben einer Schüssel Wasser, umgeben von Opferaltären.

Ravana ging auf ihn zu, aber ein frommer Lehrer trat ihm in den Weg. Er sagte: »Majestät, sprecht euren Sohn gerade nicht an, damit er sein Schweigegelübde nicht bricht. Dies sind die letzten Augenblicke des Ritus der Gabe des Goldes. Enorme Macht hat dein Sohn durch Meditation, Ausdauer und Ergebenheit gewonnen. Dafür bedankt er sich gerade bei Shiva.«

»Ruhe, frommer Mann, ich brauche ihn jetzt. Lass ihn Krieg studieren, keine Geheimnisse, und an meiner Seite hier in der Welt der Unverbindlichkeit und Fangnetze des Vergnügens und Schmerzes kämpfen.«

Dann erhob sich der dunkle Prinz. »Vater, ich bin bereit.«

Ravana sagte: »Sohn, bring mir dieses Affentier!«

Indrajit antwortete mit freundlicher Stimme: »Das ist doch bloß Hanuman. Ich kümmere mich um ihn, wenn du ihn haben willst. Krieg oder Friede – mir ist es egal.«

Dann verwandelte sich sein Äußeres,

verschwunden war der freundliche, magere Asket. An seine Stelle trat ein rabenhaariger Krieger, angetan mit blauer und gelber Seide, mit dunkelroter Haut wie die Farbe vergossenen Bluts.

»Lange mögest du leben, Vater«, sagte er und machte sich auf den Weg zum Tempel.

Dort fand er Hanuman auf seinem losen Brett. Hanuman konnte nicht getötet werden, das wusste Indrajit. Daher klebte er den Fesselfluch Shivas auf seine Pfeilspitze und getroffen fiel Hanuman wie gebunden an Händen und Füßen auf den Boden und konnte sich nicht bewegen.

Bevor Indrajit etwas sagen konnte, rannten die Rakshasas aus ihren Verstecken. Im Nu hatten sie Hanuman in Ketten gewickelt.

Indrajit biss sich auf die Unterlippe und seufzte, weil der unsichtbare Packfluch nicht hielt und auch nie wieder flottgemacht werden konnte, nachdem er durch echte Fesseln stillgelegt worden war. »Grenzenlose Unwissenheit ist mal wieder am Ruder«, seufzte er. »Ich verbeuge mich vor Shiva, der uns nun einen Strich durch die Rechnung macht.« Dann ging er zurück zu seiner Andachtsstätte, ohne ein weiteres Wort zu sprechen.

Hanuman zeigte kein Anzeichen, dass er frei war, und die Rakshasas zogen ihn in Ravanas Hof. Dort saß der Dämonenkönig wie ein Pulverfass in der Dunkelheit. Ravana sah Hanuman mit zwanzig Augen an und von dem glatten, smaragdgrünen Boden schaute Hanuman in Ketten unerschrocken zurück.

Ravanas jüngerer Bruder, Vibhishana, trat aus der Reihe der Höflinge und beugte sich über Hanuman. Er sagte: »Du hast unsere Leute getötet und unseren heiligen Tempel zerstört. Wer bist du? Wo kommst du her? Warum verkleidest du dich als Affe?«

Hanuman antwortete: »Ich bin ein Affe und habe eine Botschaft für Ravana.«

Der Dämonenkönig lehnte sich aus seinem Thron vor. »Unvernünftiges Tier, was für eine Botschaft?«

»Majestät«, sagte Hanuman. »Ich bin Ramas Gefolgsmann. Ich bin gekommen, um Sita zu finden. Dein Königsbruder, Sugriva, der Affenherrscher, erkundigt sich nach deinem Wohlergehen. Vernimm seinen Wunsch. Im Dandaka-Wald ist Sita Gewalt angetan worden, und ich habe Rama versprochen, sie zu finden. Halte daher nicht die Frau eines anderen gefangen, sondern gib sie zurück.«

»Wie bist du hergekommen?«, fragte Ravana.

»Ich bin gesprungen.«

Ravana riss seine Augen auf, weit vor Ärger. »Unglückliches Tier, der Anblick der Herrlichkeiten meiner Stadt hat dir den Verstand geraubt.«

»Herrscher von Lanka«, sagte Hanuman, »ich bin ein Tier. Was du Herrlichkeit nennst, macht mir nichts aus. Ich habe das Meer überquert, wie ein Wesen ohne weltliche Begierden den Ozean des Seins überfliegt. Zieh dein Herz von Sita zurück.«

»Unmöglich. Vibhishana, schneid ihm den Kopf vom Leib.«

»Nein«, sagte Ravanas Bruder. »Man kann einen Botschafter brandmarken oder rasieren. Aber nicht töten.«

»Was taugst du zum Dämonen«, schnauzte Ravana. »Ich habe Botschafter schon vorher niedergemacht.«

Vibhishana sagte: »Da war ich aber nicht dabei.«

Ravana winkte eine Gruppe grimmiger Dämonen zu sich. »Affen sind stolz auf ihren Schwanz«, sagte er. »Zündet seinen Schwanz an und tragt ihn so durch Lanka. Dann werft ihn achtkantig raus.«

Die Rakshasas banden Hanuman an ein paar Tragstangen und brachten ihn nach draußen. Sie fingen an, seinen Schwanz in ölige Lappen zu wickeln. Sie wickelten und wickelten, aber der ganze Stoff von Lanka schien nicht zu reichen, um Hanumans Schwanz einzuwickeln. Also wickelten sie nur das Ende seines weißen Schwanzes ein. Sie zündeten die Lumpen an, hoben die Stangen auf ihre Schultern und trugen ihn in den Straßen herum und riefen: »Seht, was einem passiert, wenn er …!«

Sita erfuhr, was sich zutrug, und ging zu dem kleinen Schuppen, in dem ihre Wächterinnen eine Flamme immer am Brennen hielten. Sie schaute in die kleine Flamme und sagte: »Wenn ich dir im Glauben treu war, kühle Hanuman.«

Da veranlasste die kleine Flamme den Gott der Winde, den Schwanz seines Sohnes kalt werden zu lassen. Hanuman fühlte keine Hitze, keine Flammen verbrannten das Öl in den Lumpen.

Hanuman dachte: »Ich habe ihren unglaublichen König gesehen. Warum länger in Ketten bleiben?«

Er warf die Ketten ab, schlug mit seinem feurigen Schwanz um sich und sprang in die Stadtluft wie ein gezackter Blitz. Hanuman flitzte und steckte Reihen von Häusern mit seinem brennenden Schwanz an. Flammen verschlangen Lanka wie einen Scheiterhaufen, Rauch blockierte die Straßen, und Geier nahmen Platz auf den goldenen Mauern. Die Dämonen schrien Alarm und sprangen in ihre Seen und Teiche.

Die Feuerwehr raste herum und dünne Flüsse von heißem Eisen und geschmolzener Bronze rannen die Straßen herunter wie Quecksilber.

Da hörte Indrajit, wie immer in einer anderen Gestalt, das Wehgeschrei und sah das Feuer. Der spirituelle Prinz von Lanka tat Wasser in eine Schüssel. Er legte Dornen auf seinen Altar und zündete sie an. Er sprach zu den Flammen, und der Feuergott wurde aus Lanka abgezogen, sein Kegel aus Funken und Glut drehte sich über dem Altar des Prinzen. Dieser sprenkelte Wasser auf die brennenden Dornen. Da erschien fingerdick Wasser und bedeckte ganz Lanka, benetzte die Wände und Decken und Böden, und dem Feuer blieb nichts mehr zum Brennen.

Hanuman hoch über der Stadt löschte seinen Schwanz in einer Bergquelle und dachte: »Was habe ich angerichtet? Ich habe Sita versengt! So viel Böses passiert, weil man nicht nachdenkt und sich ärgert.«

Er sprang zurück nach Lanka und ging zu dem ummauerten Park hinter dem Palast. Dort war nichts verbrannt. Sita saß sicher unter einem Baum. Wie konnte Feuer Sita etwas anhaben? Sie kann vielmehr das Feuer verbrennen, wenn sie es wünscht.

Und die liebenswerte Frau lächelte und sagte: »Oh, Sohn des Windes, bist du zurückgekehrt, um dich ehren und auszeichnen zu lassen? Wir preisen deinen Witz und deine Weisheit, deinen tapferen Mut und politischen Verstand.«

Hanuman kniete vor ihr und legte seine Handflächen zusammen. »Mutter, die Entschuldigungen eines Narren sind schlimmer als seine Verbrechen. Gesegnet sind die Leute mit gutem Verstand.«

Sita sagte: »Affe, in einem rücksichtslosen Augenblick kann man Unschuldige töten, Freunde vergessen und den Vorrat seiner Tugenden zerstören. Du hast nichts von alledem getan. Sie haben deinen Schwanz angesteckt und du hast zurückgeschlagen. Also, mach dir nicht so ein Gewissen.«

»Mir geht es auch schon wieder besser.«

»Hör zu, Lanka wird bald wieder aufgebaut. Aber wenn du einfach so die Dämonen zerstörst, schadet das Ravanas Ruf, und er nimmt Rache. Richte daher Rama von mir aus, dass er handeln muss!«

Sita öffnete einen Knoten in ihrem Gewand und nahm die Perle auf einem Goldblatt heraus, das ihr Vater an ihrem Hochzeitstag in ihr Haar geflochten hatte.

»Sag dies: ›Rama, bester Mann, dieses Geschenk zu sehen, war immer, wie dich zu sehen. Jetzt lass ich es gehen und behalte deinen Ring. Ich werde nur noch einen Monat leben, nicht länger. Denkst du überhaupt noch an mich? Ich schicke dir diese Perle. Durch sie weißt du, dass ich dich liebe. Du wirst immer von mir geliebt.‹«

Sita lächelte ihr warmes weißes Lächeln, dem gar nichts in dieser Welt glich und jemals gleichen wird. Hanuman versteckte Sitas Juwel in seinem Gürtel, sträubte sein Fell und flog nach Norden. Er flog wummernd durch die Luft wie ein Wind durch eine Schlucht, und die Affen und Bären, die ihn am Ufer des Meeres erwarteten, hörten ihn kommen. Sie rannten einen grasbewachsenen Hügel hinauf, bildeten einen Kreis, hielten ihre Hände, und Hanuman landete in der Mitte.

»Ich habe mit ihr gesprochen, sie lebt!«

Die Tiere umringten Hanuman. Sie brachten ihm Früchte und Wasser und frische Zweige, um darauf zu sitzen. Sie sangen und jubelten. Plötzlich erklang der Befehl des Affenprinzen: »Nach Hause!« Und die fabelhaften Affen und Bären verließen den Hügel und flogen zurück zur Höhlenstadt.

Das Ungeheuer Geryon

Textprobe aus J. Tomke DANTES
GÖTTLICHE KOMÖDIE - nacherzählt für
Kinder und ihre Eltern

ISBN 9783752684162

Die *Göttliche Komödie*, das große epische Gedicht des Mittelalters, bildet einen Höhepunkt der Weltliteratur. Wir begleiten Dante auf seiner (jedes heutige Videospiel in den Schatten stellenden… Reise durch die Unterwelt über den Läuterungsberg ins Paradies.

Textauszug

Da ließ Tückenschwanz seine Waffen vor die Füße fallen und ergab sich Vergil.

Er wandte sich an seine Mitteufel und

schnauzte: »Es liegt nicht in unserer Macht, diesen Eindringling zu piesacken.«

Als Vergil dies hörte, rief er Dante, der sich hinter einem Felsen versteckt hatte, herüberzukommen.

Dante lief gebückt zu seinem Meister. Aber die Unterteufel drängten sich um ihn, und er bekam Angst, dass sie sich vielleicht nicht an Tückenschwanz' Befehle hielten.

Zwar erreichte er ungeschoren die Seite Vergils, trotzdem hörte er's die ganze Zeit wispern: Soll ich ihn stechen, an dem Hintern?

Und die säuselnde Antwort: Ja, spieß ihn nur an!

Aber Tückenschwanz hatte das Flüstern gehört und fauchte: »Ruhe!« Dann rief er zehn Dämonen zusammen, damit sie Vergil und Dante den weiteren Weg zeigten.

Dante bracht es kaum über sich, den teuflischen Führern zu folgen, so sehr versetzte ihn ihr Tun in Schrecken. Denn während sie vorangingen, peinigten sie die elenden Geister in den Löchern am Wegesrand mit ihren Haken. Als einer der Geister jedoch entkam, drehten die Teufel mit ihren Haken, die jetzt niemand mehr zum Quälen hatten, sich drohend zu Dante.

Der Dichter sah sie näher und näher kommen. Ihre Haken wollten ihn umschlingen. Wohin sollte er fliehen? Vor ihm ging es nur steil den Felsen hinunter.

Da flog Vergil seinem Gefolgsmann zur Hilfe.

Was für schöne Worte hat Dante noch viele Jahre später, als er sein Gedicht schrieb, für die Liebe und Zärtlichkeit seines Meisters gefunden.

> Da fasst mein Führer mich mit einem Griff
> wie eine Mutter, die vom Lärm erwacht und
> neben sich das Feuer lodern sieht,

ihr Kind ergreift und flieht und hält
nicht an
- denn mehr um dieses sorgt sie als
um sich -,
um sich auch nur mit einem Hemd zu
kleiden.

Vergil flog in der Tat, Dante in die Arme geschlossen, schnell die steilen Klippen abwärts und ließ die Teufel weit hinter ihnen zurück.

Weitere Titel von Jona Tomke

Das Mahabharta - nacherzählt für Kinder und ihre Eltern

ISBN 9783753444789

Indische Ilias voller beeindruckender Figuren, die kraftvoll und würzig auftreten und handeln: Helden und Schurken, Heilige und Könige, schöne Frauen – von großartigem Charakter, übermenschlicher Ausdauer und tiefbösen Qualitäten, so mächtig-erhaben wie teuflisch hassend und intrigant – vor dem Hintergrund beeindruckender alter Königsstädte, von tiefen Wäldern und hohen Bergen.

Diese Bearbeitung für Kinder stellt die spannendsten Episoden des Epos zusammen und erzählt sie so ansprechend wie gut verständlich nach.

Der Kinder-Homer - Ilias und Odyssee in spannender Nacherzählung

ISBN 9783753444802

Erzähl' die Geschichte, oh Muse - von dem listigen Kerl, der ans Ende der Welt reiste und sich viel herumtrieb, nachdem er das berühmte Troja zerstört hatte. Länder und Städte erblickte er, schloss die tollsten Bekanntschaften. Das Meer zerstörte sein Schiff. Er versuchte, sein Leben zu retten und seine Mannschaft nach Hause zu bringen. Doch egal, was er tat, er konnte den Freunden nicht helfen. Sie gruben ihr eigenes Grab; denn sie gingen zu weit und aßen von den Rindern des Helios. Darum verhinderte der Gott, dass sie den Tag ihrer Heimkehr erlebten. Erzähle auch uns davon, Göttin, Tochter der Zeus, und fang einfach irgendwo an …

Gute-Nacht-Geschichten selbst erfinden - Leitfaden für patente Eltern

ISBN 979-8539512767

Das ist alles einmal passiert – und es wird alles wieder passieren

Die Zähne sind geputzt. Die Bettdecke ist hochgezogen unters kleine Kinn. Du befindest dich auf dem Weg zur Türe, da erklingen die fünf Worte. Fünf Worte, vor denen d u dch gefürchtet hast: »Erzählst du mir eine Geschichte?«

Du zögerst. Jeden Abend ist es dasselbe. Du wünschtest dir, ein paar Geschichten zu wissen. Du wünschtest dir, besserer erzählen zu können. Du wünschtest dir, kreativ genug zu sein, um eine Gute-Nacht-Geschichte aus dem Ärmel zu schütteln. Stattdessen schüttelst du den Kopf und antwortest: »Heute Abend nicht, Schätzchen. Morgen vielleicht.«

Du schließt die Türe hinter dir, fühlst dich irgendwie schuldig und seufzt, während du den

Flur hinuntergehst.

Kommt dir diese Szene bekannt vor? Fühl' dich nicht allzu allein. So geht es den meisten Erwachsenen. Gern würden sie Kindergeschichten erfinden und erzählen können, wissen aber nicht, wie.

Dabei ist es gar nicht so schwer. Auch du kannst Gute-Nacht-Geschichten erfinden und frei erzählen. Dieses kleine Handbuch zeigt dir, wie du das schaffst.

HERKUNFTSNACHWEIS
M. Thau
Tegernseer Landstraße 30
81541 München